티 내는 홍보

돈 없이 홍보해야 하는
보통 공무원을 위한 홍보지침서

티 내는 홍보

초판 1쇄 발행 2024년 4월 30일

지은이 손명훈
펴낸이 장미옥

편집 정미현, 표수재
마케팅 박소미

펴낸곳 크레파스북
출판등록 2017년 8월 23일 제2017-000292호
주소 서울시 마포구 성지길 25-11 오구빌딩 3층
전화 02-701-0633　**이메일** creb@bcrepas.com
인스타그램 www.instagram.com/crepas_book
페이스북 www.facebook.com/crepasbook
네이버포스트 post.naver.com/crepas_book

ISBN 979-11-89586-75-1(13320)
정가 12,000원

티
내는
홍
보

우리는 돈이 없다

공공기관에 근무하는 홍보담당자들이라면 누구나 공감할 만한 문장일 것이다. 공공기관뿐 아니라 지방자치단체, 정부 부처, 도서관, 소규모 기업체 등 대기업이 아닌 곳에서 근무하는 홍보담당자들도 항상 '예산' 때문에 발목이 잡힌다.

위에서는 실적 내라며 쪼고, 신문사들은 광고 달라고 전화하고, 예산부서에서는 홍보예산 깎으려고 안달이고…. 돈 없는 조직에서 홍보담당자로 살아남기란 여간 고된 일이 아닐 수 없다. 그리고 나는 이 일을 7년째 하는 중이다.

10년 동안 지적측량업무만 열심히 하던 측량사가 하루아침에 홍보담당자가 된 지 7년이나 흘렀다. 아니다. 7년을 버텨냈다. 그러면서 누구보다 공공기관에서 홍보하는 어려움을 잘 알고, 그 어려움을 극복했던 경험과 지식을 이제 막 홍보담당자가 된 분들과 나누고자 한다.

국토교통부 산하 공공기관 LX한국국토정보공사의 홍보담당자로 일하면서 운 좋게도 언론홍보, 매체광고, 간행물 발간, SNS, 유튜브, 대규모 행사까지 공공기관에서 진행되는 거의 모든 홍보업무를 접해봤다.

공공기관의 홍보는 민간홍보와는 달라야 한다. 돈이 없기 때문에, 수시로 담당자가 바뀌기 때문에 콘텐츠의 선을 지켜야 하기 때문에, 결재라인이 복잡하기 때문에, 우리가 할 수 있는 것들도 한정되어 있다. 하지만 실적은 반드시 내야 한다. 내가 있는 조직, 내가 있는 자리가 홍보담당자라면 아무리 어려운 상황이라도 실적을 내야만 한다. 이 책에서는 적은 예산으로 큰 홍보효과를 얻을 수 있는 방법, '티' 나게 홍보하는 업무 방법을 알려드리고자 한다.

01

우리는 왜 홍보해야 할까?

#Why

'홍보=마케팅'이라는 공식은 성립된 지 오래다. 홍보는 서점에 진열된 서적뿐만 아니라 블로그나 유튜브 등에서 관련 정보를 찾아보면 결론은 '돈'이다. '마케팅으로 식당 대박 나기', '홍보로 온라인 쇼핑몰 부자 되기' 등 민간에서 홍보나 마케팅을 하는 이유는 돈을 벌기 위해서다.

그럼 공공부문 종사자들은 왜 홍보를 해야 할까? 홍보를 잘한다고 해서 돈이 되지도 않고, 홍보를 안 해도 어차피 월급은 따박따박 잘 들어오는데 말이다. 게다가 홍보하지 않는다고 조직이 없어지거나 파산할 위험이 있는 것도 아니다. 그럼에도 불구하고 우리는 홍보해야 한다.

왜?
시키니까.

홍보를 하라고 해서 홍보를 하지만
홍보를 왜 해야 하는지 모르겠지만
홍보를 해야겠지…

어느 곳이든 마찬가지겠지만, 공공기관은 특히 본인이 원하는 일만 할 수는 없다. 문서 한 장에 왔다가, 문서 한 장에 가는 사람들이 공공기관 종사자 아닌가. 게다가 공공기관 종사자들에게 홍보 업무는 반기는 직렬도 아니다. '고인물은 썩는다'는 격언을 실천하며 순환근무를 하기 때문에 홍보담당자로서 역할을 하는 기간이 짧게는 6개월, 길게는 3~4년 정도이다. 그래서 홍보담당자가 홍보에 대한 전문성을 갖추기도 쉽지 않다. 그럼에도 우리는 우리가 '왜' 홍보를 하는지에 대해 고민해야 한다. 가장 기본적인 동기부여 장치인 '왜'에 대한 고민 없이 시키는 일만 해서는 절대 홍보 능률이 오를 수 없기 때문이다.

세계적인 강의 플랫폼 TED에서 2,000만 회 이상 조회 수를 기록하고 있는 최고의 인기 강사 사이먼 사이넥은 '위대한 리더들이 행동을 이끌어내는 법' 강의에서 Why의 중요성에 대해 이야기한다. 이 영상은 우리가 어떻게 행동력을 갖게 되는지를 설명한다. 우리의 평범한 커뮤니케이션은 What에서 How로 이루어지지만, 두뇌에 가장 강력한 메시지를 전달하기 위해서는 Why에 대한 질문과 답변이 있어야 한다고 역설한다. 그리고 이러한 이론을 '골든서클'이라 말한다.

위대한 리더들이 행동을 이끌어내는 방법은 모두 이 골든서클에 따른다는 게 사이먼 사이넥의 설명이다. 대부분의 사람은 어떠한 문제에 대해 'What→How→Why' 순서로 접근하지만, 세상을 바꾸는 주인공들은 'Why→How→What' 순으로 접근한다.

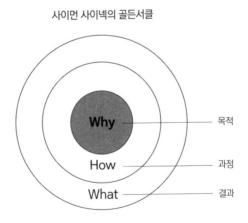

사이먼 사이넥의 골든서클

수많은 매니아층을 보유한 애플도 이와 같은 마케팅기법을 활용하고 있다. 그들의 메시지는 철저하게 Why를 중심에 둔다. 예를 들어 컴퓨터를 판매하기 위해 애플은 이렇게 말한다. "우리는 현재의 모습에 도전하는 것을 믿습니다. 우리는 다르게 생각하는 것에 믿음을 가집니다.(Why) 현재에 대한 도전은 저희 물건을 아름답게 디자인하는 것입니다. 사용하기 간단하고, 사용자에게 친숙하죠.(How) 저희가 대단한 컴퓨터를 만들었습니다. 하나 사보시겠습니까?(What)"

애플은 제품의 기능과 편리성보다는 그들이 왜(Why) 이 일을 하는지를 전면에 내세운다. 그러한 그들의 전략은 결과적으로 애플을 사랑하는 수많은 지지자를 만들었고, 내부적으로도 조직원들의 역량을 한 점으로 모을 수 있었다.

What과 How에 매몰되면 문제 해결을 위한 솔루션에만 집중하게 된다. 하지만 Why로 시작한다면 솔루션보다는 문제가 무엇인지부터 이해하고 공감하려 노력한다. 그리고 그것들은 내가 움직이고 행동하게 만드는 큰 원동력이다.

티 내는 홍보

성공할 것인가
성과를 낼 것인가

비즈니스 부문 베스트셀러 중 하나가 알버트 라슬로 바라바시의 '성공의 공식 포뮬러'이다. 이 책을 읽으면서 가장 인상 깊었던 부분은 성공과 성과에 대한 이야기였다.

바라바시는 **"성공은 개인 혼자만의 성과로 규정되는 것이 아니라, 집단이 그 성과를 어떻게 인식하느냐의 문제에 달려 있다"** 라고 말한다. 나는 이 부분이 우리 홍보담당자의 역할이 얼마나 중요한지를 알려주는 대목이라 생각한다. 즉 일을 잘하는 것보다 그것을 알려서 인정받는 것이 더 중요하단 의미다.

만약 우사인 볼트가 올림픽이나 세계 육상 선수권 대회가 아닌 동네 친선경기에서 달렸다면, 지금과 같은 유명인이 될 수 있었을까? 아무리 세계에서 가장 빠른 사나이라고 하더라도 그가 달리는 모습이 각종 매체와 방송을 통해 전 세계 사람들에게 보여지지 않았다면 지금의 슈퍼스타 자리에 오를 수 없었을 것이다.

공공서비스도 마찬가지다. 더 나은 정책을 만들고, 국민에게 좋은 서비스를 제공하는 것은 물론 중요하다. 그러나 아무리 좋은 정책, 좋은 서비스를 만들고 불합리한 제도를 개선했다 하더라도 그것을 알리지 않아 아무도 모른다면 그리고 아무도 이용하지 않는다면, '있어도 없는 것'이나 다름없다. 즉 성과는 있으나 성공은 없는 것이다. 그렇기 때문에 공공부문에서의 모든 정책, 서비스, 제도개선의 성공은 우리 홍보담당자의 역량에 달려있다고 해도 과언이 아니다.

평범했던 정책도 베테랑 홍보맨을 만나면 탁월한 실적으로 탈바꿈할 수 있다. 기발한 아이디어로 많은 주민의 참여와 이용을 이끌어내 정책을 성공시킨 인천광역시교육청의 사례만 보더라도 홍보의 중요성을 알 수 있다.

인천광역시교육청에서는 청소년들의 노동환경에서 근로계약서 작성 비율이 낮아서 고민이 많았다. 근로계약서는 청소년 노동인권 보호를 위한 필수 안전장치이지만 관내 작성 비율은 40%가 되지 않았기 때문이다. 청소년들은 '근로계약서

티 내는 홍보

작성을 요구하기 어려워서', '사장님들한테 눈치가 보여서'라는 이유로 근로계약서 작성을 사업주에게 요구하지 못했고, 사업주들은 '번거로워서'라는 이유로 근로계약서를 작성하지 않았다.

이에 '근로계약서 작성 독려'라는 정책을 핵심과제로 선정한 인천광역시교육청은 작성률 향상을 위해 다방면으로 노력했다. 하지만 근로계약서 작성은 기존부터 있었던 제도이기에 작성률을 올리는 일은 쉬운 게 아니었다. 이때 바로 '홍보'의 필요성이 나타났다. 홍보담당자는 근로계약서 작성의 번거로움을 없애기 위한 아이디어를 내기 시작했고, 그 결과 '근로계약서 대봉투'라는 대박 홍보기획이 탄생했다.

홍보담당자는 사업주가 아르바이트생에게 꼭 요청해야 하는 '보건증'에서 아이디어를 얻었다. 보건소에서 보건증을 담아주는 대봉투 겉면에 절취선을 따라 뜯어서 사용할 수 있는 근로계약서를 인쇄해서 배포한 것이다. 이 아이디어 덕분에 청소년들은 사업주에게 보건증을 건네면서 자연스럽게 근로계약서를 함께 전달할 수 있게 되었다. '근로계약서 대봉투'는 관내 200여 개 보건소에 3만 부 배부되었고, 그 결과 인천 지역 내 청소년들의 근로계약서 작성 비율은 기존 41.8%에서 48.1%까지 껑충 뛰었다.

이뿐만 아니라 근로계약서 대봉투 관련 인쇄물과 캠페인 영상은 국내 주요 광고제에서 다수의 상을 휩쓸기도 했다. 평범한 정책이 탁월한 홍보를 만나면서 국내에서 손꼽히는 성공을 거둔 것이다. 그리고 이 사례는 공공기관에서도 홍보가 얼마나 중요한지 알려주는 모범사례로 남았다.

근로계약서 대봉투 홍보포스터

티 내는 홍보

알리지 않으면
아무도 알아주지 않는다

　tvN의 인기 예능프로그램 〈신서유기〉에서 공공기관의 CI를 맞추는 게임을 한 적이 있다. 공공기관에서 근무하는 우리에게는 너무나 익숙한 한국수자원공사(K-water)나 한국도로공사(EX)의 CI를 보고도 전혀 알아맞히지 못하던 출연진들을 보면서 공공기관의 홍보담당자로서 놀라움을 감출 수 없었다. 메이저급 기관의 CI도 모르는 국민이 많은 현시점에서, 예산도 별로 없는 공공기관의 홍보담당자로서 자신의 기관을 홍보한다는 것은 쉬운 일이 아니다.

　한국토지주택공사(LH)나 한국전력공사 같이 국민 생활에 밀접한 연관이 있는 대형 공공기관들이 아니고서야 국민은 공공기관에 그다지 관심이 없다. 아무리 광고하고 이벤트를 하더라고 기관 자체에 관심을 갖는 국민은 그리 많지 않다. 하지만 공공기관에 종사하는 사람들은 대부분의 사람들이 자신의 기관을 알 것이라고 '착각'한다.

행동경제학에는 조명효과라는 용어가 있다. 언제나 자기 자신이 스포트라이트를 받는 사람처럼 불특정 다수에 의해서 평가받고 있다고 여기는 경향을 일컫는 용어이다. 우리가 홍보담당자로서 사람들이 우리 조직을 잘 알 것이라고 '착각'하는 것처럼 말이다. 하지만 대부분의 사람은 타인에 대해서 그렇게 관심 있지 않다. 자신 외에는 무관심하다고 보는 것이 더 타당할 것이다. 내 삶을 이어나가는 것도 바쁜데 언제 다른 사람, 특히나 나랑 별로 상관도 없는 다른 기관에 관심을 갖겠는가.

조명효과를 처음 발표한 토머스 길로비치는 학생들에게 무명의 뮤지션 사진이 큼지막하게 프린트된, 매우 민망한 티셔츠를 입고 캠퍼스 안을 한 바퀴 돌고 오라고 부탁했다. 그리고 학생들이 캠퍼스를 한 바퀴 돈 후 실험실에 돌아오자 "지나가는 길에 만난 사람 중 당신을 본 사람이 얼마나 됩니까?"라고 물었다. 참가자들은 "사람들 중 47%는 확실히 나를 봤을 거다"라고 추측했지만, 이 이상한 티셔츠를 알아차린 사람은 불과 24%에 불과했다. 인간이 타인에게 얼마나

티 내는 홍보

관심 없는지를 단적으로 보여준 사례다.

사람들은 원래 타인에게 관심이 없다. 그렇기에 우리는 우리 기관을 더 적극적으로 알려야 한다. **우리가 알리지 않으면 아무도 알아주지 않는다.** 따라서 홍보담당자는 '공공기관의 인지도'를 최우선 목표로 삼고, 기관을 우선 알려야 한다. 기관을 알린다는 것은 사람들이 우리 기관 이름과 존재에 대해 익숙하게 만드는 것이다.

사람들은 익숙한 것을 신뢰한다. 우리가 물건을 구입할 때 똑같은 품질의 제품이라도 TV광고에 나오는 제품을 좀 더 신뢰하고 구입하는 것과 같은 원리이다. 우리 조직이 정말 좋은 정책과 서비스를 개발하고 공공의 이익을 위해서 시행했더라도, 만약 사람들이 우리 조직을 모른다면 과연 그것을 이용할까?

우리는 물건을 팔기 위해 홍보하는 게 아니다. 우리는 신뢰를 바탕으로 사람들의 행동을 바꾸기 위해 홍보한다.

우리는 홍보로 신뢰를 쌓고 정부의 정책, 서비스, 제도들을 적극적으로 알림으로써 사람들의 행동을 변화시킬 수 있다. 하지만 사람들의 행동을 바꾸는 것은 PR분야에서도 가장 어려운 일이다. 단순히 '구매'를 하는 것이 아니라 '행동'을 변화시키기 위해서는 홍보대상이 그것을 필요하다고 인식하게 만들어야 하기 때문이다.

사람들의 행동을 바꾸는 홍보의 귀재라고 불리는 사람이 있다. PR의 아버지라고도 불리는 에드워드 버네이스이다. 1891년 오스트리아 빈에서 출생한 그는, 세계적인 심리학자 지그문트 프로이트의 조카이기도 하다. 제1차 세계대전 때 연방공보위원회(CPI)에 발탁되어 뛰어난 홍보전략을 펼쳤던 에드워드 버네이스는 이후 뉴욕에서 최초로 'PR고문'을 역임한다. 그는 삼촌의 영향을 받아서 대중심리학에 정신분석학을 결합하여 홍보에 이용했는데, 그의 궁극적인 목적은 사람들의 행동을 변화시키는 것이었다. 즉 그 물건이 필요하다고 인식시켜 구매를 유도했다.

그는 '손목시계야말로 남성적이다'라는 메시지를 통해서

1920년대 미국 남성들이 회중시계 대신 손목시계를 차고 다니는 문화를 만들었다. 피아노를 팔아야 할 때는 상류 사회에 '음악실'을 유행시켜 그들이 음악실에 들어갈 피아노가 필요하다고 인식시켰다.

그의 대표적인 업적은 베이컨을 미국의 대표 아침식사 메뉴인 '아메리칸 브렉퍼스트'로 자리 잡게 한 것이다. 그가 나타나기 전까지 미국의 아침식사는 간단한 계란과 차 그리고 빵이었다. 그는 베이컨의 소비를 늘리기 위해서 베이컨을 직접 홍보하지 않았다. 그 대신 신뢰받는 전문가 그룹인 의사들을 전면에 앞세워 아침식사로 베이컨이 건강에 좋다고 이야기했다. 의사들을 대상으로 한 설문조사에서 든든한 아침식사가 중요하다는 결론을 얻어내고 그것을 신문기사를 통해 알렸다. 또 다른 기사에는 베이컨과 달걀이 중요한 아침식사 메뉴라고 부각해 베이컨을 소비하도록 사람들의 행동을 유도했다. 즉 신문을 읽은 사람들은 '든든한 아침식사=베이컨, 계란'이라는 생각을 갖게 되었다.

에드워드 버네이스는 PR을 '사람들의 동의를 이끌어내는 과학적인 설득'이라고 정의 내렸다. 또한 성공적인 PR프로젝트를 위해서는 큰 그림을 그릴 줄 아는 넓은 생각의 폭과 여론을 끌어들일 수 있는 세밀하고 꼼꼼한 준비와 방법이 필요하다고 강조했다.

직접적으로 베이컨을 사달라고 한 것이 아니라 사람들이 베이컨에 대한 우호적인 입장을 갖고 알아서 행동하게 만드는 것, 우리 공공기관의 홍보도 이와 같아야 한다.

공공기관은 국가와 국민의 더 나은 삶을 위해 존재한다. 우리가 홍보하지 않으면 국민은 새로운 서비스, 정책, 제도들의 존재 자체를 모른다. 그럼 그것이 꼭 필요한 국민이 혜택을 받기 어렵고, 자신에게 필요한 공공서비스를 찾기 위해 상당한 시간과 노력을 들여야만 한다. 국민의 수고를 더하는 것은 공공기관의 직무유기다. 국가와 정부가 공공기관에 부여한 권한과 역할을 버리는 것이다. 따라서 홍보담당자에게는 적극적으로 알려야 한다는 사명감이 필요하다. 타인에게 관심 없는 사람들에게 공공기관의 역할을 각인시키고 사람들이 더 나은 행동을 할 수 있도록 유도해야 하기 때문이다.

물론 공공기관이 국민을 위한 정책을 개발하고 사업을 추진하는 것은 중요하다. 하지만 그러한 정책과 사업들이 원래 취지와 목적에 맞게 시행되려면 '홍보'의 힘은 절대적으로 필요하다. 따라서 홍보담당자는 기관의 인지도를 높여 국민의 신뢰를 얻고, 국민이 필요한 서비스를 이용할 수 있게 기관의 성과를 널리 알린다면 우리의 노력은 성공으로 이어질 것이다.

홍보업무는 나를 알리는 최고의 수단이다

홍보담당자는 조직의 인지도를 높이고 기관의 브랜드를 만드는 데 노력해야 한다. 그런데 개인 입장에서 생각해 보면, 이렇게까지 열심히 일해야 할 필요가 있는지 의문이 들 수 있다. 적당히 일해도 월급은 나올 테니 말이다. 하지만 있다! 열심히 해야 할 필요가 있다! 바로 홍보업무는 최적의 퍼스널 브랜딩 수단이기 때문이다.

퍼스널 브랜딩은 '나'라는 존재를 타인에게 인식시켜 나의 가치를 높이는 방법이다. 나 자체를 브랜딩해서 다른 사람과 차별성을 갖는 것이다. 최근 MZ세대를 중심으로 다양한 자기계발을 통해 퍼스널 브랜딩을 추구하는 흐름이 강하게 불고 있다. 서점에서 가장 많이 팔리고, 가장 잘 보이는 곳에 진열된 책들도 퍼스널 브랜딩 관련 서적이다. 조직보다는 개인이 우선시되는 시대의 반증이다.

하지만 조직 내에서의 퍼스널 브랜딩은 사회에서의 그것과 조금 다르다. 사회에서는 퍼스널 브랜딩을 통해 '돈'을 벌지만, 우리는 그럴 수 없으니까. 더구나 공무원 인사제도에 따라 공직에 종사하는 자는 '영리 업무의 금지'가 적용되어 있다.

회사도 중요하지만 **내가** 더 중요하다

티 내는 홍보

그럼 조직에서 우리는 퍼스널 브랜딩을 어떻게 해야 할까? 앞서 말했듯 퍼스널 브랜딩은 '나' 자체를 브랜드화하는 과정이다. 그리고 그러한 원리는 조직 내에서 오히려 더 큰 강점이 될 수 있다. 즉 몸값을 올리는 대신 조직 내 관리자들과 동료들에게 나의 가치를 높이고 존재를 강하게 인식시킬 수 있다. 그렇게 나를 알리는 것은 승진, 인사고과 등에서 분명히 긍정적인 평가를 받을 수 있는 요소이다. 우리가 근무하는 목적이 다 월급 많이 받고, 빨리 진급하기 위해서 아닌가? 그런 의미에서 **홍보업무는 월급 받고 맡겨진 일을 하면서 자신을 브랜딩할 수 있는 최적의 기법**이라고 단언할 수 있다.

나 역시 그 효과를 직접 경험했다. 홍보업무를 통해 그전까지 존재감 없던 나 자신을 브랜딩하는 데 성공했으니까. 홍보는 단순히 맡겨진 일이 아니다. 나를 키울 수 있는 최적의 성장 루트이다. 그러니 나를 위해서라도 홍보업무를 꼭 해야 한다.

내가 만약 사업이나 정책 담당자라면 그것을 알리는 과정이 굉장히 어색하고 '자기 자랑'처럼 보일 수 있을 것이다. 그리고 지나친 자기 자랑은 조직 내에서 시기와 질투를 불러온다. 딱딱한 공직사회에서 튀어나온 못은 정을 맞기 마련이다. 하지만 홍보는 일 자체가 '알리는 것'이다. 그리고 알리는 과정에서 자연스럽게 내가 드러날 수밖에 없다. 돈 없고 사람 없는 공공기관 홍보에서 섭외 1순위는 항상 나 자신이기 때문이다.

내가 기관 유튜브 채널 운영을 담당할 때 일이다. 그 당시 '지적측량' 관련 질문들 중 국민이 가장 많이 하는 질문들을 뽑아서 1분 안에 명쾌하게 답해주는 '지적측량 1분 상식' 콘텐츠를 기획했었다. 30개 질문을 뽑아서 순차적으로 촬영하고, 쉽고 재미있게 영상으로 풀어주는 콘텐츠였다. 모든 기획과 콘티, 출연자 섭외까지 끝내고 촬영에 들어가려던 그때, 출연자가 갑자기 "혼자서는 못하겠어요"라고 말하는 것이 아닌가. 난감한 상황이 아닐 수 없었다. 출연자를 추가로 섭외하고, 기획내용을 설명하고 다시 촬영 날짜를 잡기에는 시간이 너무 부족했다. 결국 가장 만만한 섭외 1순위인 '내가' 투입되었다. 졸지에 홍보담당자가 유튜브 콘텐츠 출연자로 변신한 것이다.

내가 갑자기 출연자가 된 일은 이번이 처음이 아니다. 리포터가 사고를 당해 못 온다고 했을 때는 일일리포터로 변신했고, 행사 사회자가 배탈이 났을 때는 행사 진행도 맡았다. 최초 기획부터 시나리오 작성까지 모두 내가 했기에 가능한 일이었다. 자연스럽게 나는 직원들 앞에 나서는 일이 많아졌고 저절로 나의 브랜드가 완성되어 갔다.

다양한 홍보활동을 직접 기획하고 출연까지 하며 5,000여 명의 우리 LX직원들은 나를 명확하게 인지하기 시작했다. 얼굴 한 번 본 적 없는 사람들도 여러 홍보물에 자주 보이

갑자기 출연하게 된 유튜브 콘텐츠(왼쪽이 손명훈)

는 '손명훈'이라는 직원에게 내적 친밀감이 생긴 것이다. 우리 기관은 전국 시·군·구에 자리 잡은 조직인지라 전 직원들을 볼 기회도 많지 않다. 하지만 본사를 방문하는 직원 중에 고맙게도 나를 기억해 주시고 인사를 먼저 건네는 분들이 생겨났다. 그리고 홍보업무 5년 차인 2022년에는 홍보 관련 책을 출간하며 회사 내에서 유명인이 되었다. 그 당시 많은 직원이 출간 소식을 듣고 책을 구입해 주신 덕분에 광고·홍보 분야 베스트셀러 TOP5까지 오르기도 했다. 그리고 이런 일련의 과정들을 거치면서 자연스럽게 "홍보=손명훈"이라는 나만의 브랜드가 정착되었다. 덕분에 1~2년이면 바뀌는 홍보담당자를 나는 7년째 하고 있다.

홍보업무는 업무특성상 돋보일 수 있는 기회가 많다. 홍보담당자가 해야 하는 홍보기획, 콘텐츠 출연, 행사 사회, 게시판 글쓰기, 보도자료 배포 등 대부분의 일은 '나'를 알릴 수 있는 절호의 기회다. 그러니 이러한 업무들을 '귀찮은 일', '야근하는 일'로 생각할 게 아니라 나를 알리는 퍼스널 브랜딩 수단이라 생각하자. 일하면서 나만의 브랜드를 만들다니! 이보다 멋진 일이 또 있을까.

티 내는 홍보

생각을 바꾸면
행동이 바뀌고

행동이 바뀌면
인생이 바뀐다.

02

'티' 나게 홍보하는 방법

#How

홍보담당자로 일을 하면서 가장 중요한 건 무엇일까? 회사가 잘되는 것? 기관이 알려지는 것? 아니다. 절대 아니다. 단언컨대 직장인으로서 가장 중요한 건 성과를 인정받고 위로 올라가는 것이다. 여기에 월급까지 오른다면 금상첨화가 아닐까. 그리고 성과를 인정받기 위해서는 내가 일한 '티'를 팍팍 내야 한다. 아무리 일을 열심히 해도 윗사람이 또는 동료가 알아주지 않으면 그 일은 잘했다고 평가받을 수 없다.

직장인은 좋은 평가 없이 빠른 진급, 좋은 근무지를 기대하기 어렵다. 그래서 우리는 일한 '티'를 팍팍 내야 한다. 겸손한 자세? 공을 돌리는 미덕? 그런 말은 이미 수단과 방법을 가리지 않고 높은 자리에 올라가신 분들이 이미지 관리를 위해 늘어놓는 궤변일 뿐이다. 우리가 일하는 것이 궁극적으로는 '돈' 벌려고 하는 것이지 않나. 혹여 '애사심'이 철철 흘러넘쳐서 돈 필요 없이 회사 홍보에 영혼을 갈아 넣겠다는 분이 계신다면 이 책은 맞지 않는다.

당장 덮어라!

우리 조직에도 간혹 그런 분들이 계신다. 일에 대한 열정이 넘치시고 또 일도 잘하시는 분들, 하지만 진급에서는 매번 누락되는 분들 말이다. 인성이 나빠서 그렇다고 보기에는 후배들에게 덕망도 좋다. 여러분 주변에도 있는가? 그런 분들과 이야기하다 보면 공통적으로 하시는 말씀이 있다.

"내가 열심히 하면 언젠가는 알아주겠지."

과연 그럴까? 아니다! 알리지 않으면 절대 아무도 알아주지 않는다. 알리지 않고 일만 열심히 하면, 그냥 '일 주면 군말 없이 처리하는 사람'이 될 뿐이다. 그런 사람이 되면 신기한 마법을 겪을 수 있다.

일을 할수록 일이 늘어나는
직장인의 마법

티 내는 홍보

조직은 여러분들이 생각하는 것처럼 그리 공정하고 공평하지 않다. 적어도 내가 17년간 겪어본 공공기관 조직은 그렇다. 조직의 관리자들은 어떻게 하든 조직을 굴러가게 만들어야 한다. 그리고 공공의 특성상 기준 미달의 사람을 함부로 쳐낼 수도 없다. 그럼 관리자들은 어떻게 조직이 잘 굴러가게 할까? 방법은 간단하다. 기준미달인 사람들의 몫까지 '군말 없이 일 잘하는 직원'에게 주는 것이다. 일해야 하는 총량은 정해져 있는데 처리할 사람이 시원치 않으면 잘하는 직원에게 몰아주는 방법으로도 일은 우선 처리되니까 말이다.

내가 지적측량 현장에 있을 때의 경험을 조금 말해보자면, 그 당시 나는 우리 사무실에서 유일한 20대였다. 신입사원에 20대인 친구이니 얼마나 빠릿빠릿하게 움직였겠는가. 또 컴퓨터에 대해서 당시 4050 세대보다 익숙하다 보니, 컴퓨터로 하는 도면작성 업무 속도도 다른 선배님들보다 훨씬 빨랐다. 그래서 지적측량 현장에 다녀오면 측량내용을 도면으로 작성하는 측량결과도 작성, 측량성과도 작성업무를 다른 사람이 1건, 2건 처리할 때 나는 3건에서 많게는 5건씩 처리했다. 하지만 그렇게 빨리 일처리를 했지만, 내 일은 전혀 줄어들지 않았다. 오히려 빠릿빠릿하게 시킨 일 잘하는 신입사원의 역할은 점점 늘어났다. 고장 난 컴퓨터 수리, 윈도우 재설치, 블루투스 연결까지 컴퓨터에 '컴'자만 연관되어 있으면 전부 나의 업무가 되었다. 그리고 억울하게도 내가 아무리 일을 열심히 해도 상위 기관인 본부나 본사에서 내 이름을 아는 사람은 거의 없었다. 나는 지사에서 열심히 측량만 하는 5,000명의 수많은 직원 중 하나일 뿐이었다.

그냥 시킨 일만 열심히 하면 절대로 '일 잘하는 직원'으로 인식될 수 없다. 홍보도 마찬가지다. 부서에서 요구하는 보도자료만 작성하고, 위에서 시킨 일만 한다면 그것은 지시를 한 사람들의 성과가 된다. 우리는 홍보업무를 하면서 티를 팍팍 나게 하는 방법을 익혀야 한다. 그래야 일을 할수록 일이 더 늘어나는 마법을 겪지 않을 수 있다. 열심히 일했는데 티는 안 나고 일만 점점 많아진다면, 억울하지 않겠는가?

티 내는 홍보

공공홍보는
3A로 귀결된다

지방자치단체(지자체)나 공공기관에서 하는 홍보를 보통 '정책홍보'라 한다. 정부의 정책과 제도를 국민에게 인식시키고 국민의 참여를 독려하기 위한 공공목적의 홍보이기 때문이다.

하지만 정책홍보는 민간의 홍보처럼 구매가 이루어지는 게 아니기 때문에 홍보 성과를 측정하는 건 매우 어렵다. 민간에서는 제품을 팔기 위해 소비자들의 충동을 유발하여 구매하도록 하는 게 성과측정의 지표가 되지만, 공공기관의 홍보는 1회성으로 끝나지도 않을 뿐더러 사람들의 근본적인 생활습관을 바꾸거나 생각을 변화시켜 행동을 유도해야 한다. 그래서 내가 홍보를 잘했더라도 그것이 진짜 잘했는지 평가받는 것도 쉽지 않다. 그럼에도 불구하고 공공기관에서 홍보 성과로 평가받을 수 있는 지표들이 있다. 바로 '인지도', '경험도', '호감도'이다.

이런 지표들은 비용을 들여 전문 설문회사를 통해서 조사하는 방법도 있지만, 대민서비스를 하는 기관이라면 홍보담당자가 설문지를 작성해서 직접 조사할 수 있다. 이렇게 측정된 수치들은 정량적으로 보여지기 때문에 누가 보더라도 객관적인 지표로 인정받을 수 있다. 물론 돈과 사람이 부족한 지자체, 공공기관에서 이 세 가지 지표를 올리기는 생각보다 만만한 일이 아니다. 하지만 내가 열심히 일한 '티'를 내기 위해서는 정량적인 수치가 꼭 필요하다. 그럼 세 가지 지표 중 한가지만 선택해야 한다면 무엇을 선택해야 할까.

나는 '호감도'를 1순위로 꼽는다.

우리의 정책이 사람들의 행동을 변화시키기 위해서는 인지도처럼 단순히 '알고 있다'는 느낌이 아니라 '호감이 간다'는 느낌이 들어야 한다. 그리고 호감도는 공공기관의 생명과도 같은 '신뢰도'와도 밀접한 연관이 있다.

나는 공공기관에서 신뢰도를 바탕으로 호감도를 높이는 '공공홍보 전략'을 3A로 정의하려 한다.

첫 번째 단계인 인지(Awareness)는 노출이다.

다양한 매체들을 통해서 우리가 알리고자 하는 메시지를 국민이 볼 수 있도록 만드는 단계이다. 지하철 플랫폼 광고, 현수막, 고속도로 옥외간판, TV, 라디오, 유튜브 등 매체를 통해서 보여주는 부분이 여기에 해당된다. 아무리 좋은 내용이라고 해도 아무에게도 보여주지 않으면 홍보의 '티'를 낼 수 없다. 홍보담당자는 내가 사용할 수 있는 예산 내에서 최대한 많이 사람들에게 노출될 수 있는 방안을 찾아야 한다.

물론 인지를 위한 최적의 수단은 TV, 유튜브 등 유료 광고 매체를 많이 사용하는 것이다. 하지만 우리 공공기관은 그렇게 넉넉하게 예산을 배정하지 못한다. 우리는 적은 예산, 심지어는 예산이 아예 없는 상태에서도 우리의 메시지를 사람들에게 인지시켜야 한다. 무료 매체를 이용할 때 인지 효과를 높이는 방법은 단연 '제목의 차별화'이다.

'제목의 차별화'가 절대적 영향을 미치는 대표적인 분야는 출판업계다. 남다른 책 제목은 전체 판매량에 막대한 영향을 미친다. 매년 수만 권의 책이 쏟아지는 출판계에서 책 제목은 대중에게 어필하고 그들이 인지하도록 만드는 절대적인 무기이다. 전 세계 25개국 언어로 발간되어 수천만 부의 판매량을 기록한 켄 블랜차드의 'Whale done!'은 2003년 국내에서 발매됐지만 기대와 달리 초판 판매량은 2만 부에 그쳤다. 출판계 내용에 맞게 번역한 국내 책 제목은 'You Excellent: 칭찬의 힘'이었다. 하지만 이 책은 제목 하나만을 바꾸고 70만 부 이상 팔리는 베스트셀러로 등극하며 당시 불황에 허덕이던 출판가에 돌풍을 일으켰다. 그 책이 바로 대한민국 국민이라면 한 번쯤 들어봤을 책 '칭찬은 고래도 춤추게 한다'이다. 우리는 예산이 항상 부족하기 때문에 홍보의 시작인 '인지' 부분부터 난관에 부딪힌다. 그러나 인터넷 커뮤니티, SNS 등 무료 홍보매체에서도 '차별화된 제목'

티 내는 홍보

을 사용한다면 인지 효과를 충분히 볼 수 있다.

두 번째 단계인 태도형성(Attitude)은 메시지다.

태도형성은 지자체, 공공기관, 정부기관에서 홍보를 할 때 가장 유념하고 집중해야 한다. 한정된 예산으로 인해 첫 번째 단계인 인지를 극대화하기 어렵기 때문이다. 그래서 우리는 적은 노출이라도 한 번 우리의 메시지에 노출된 사람들의 태도를 우리의 홍보물에 대한 우호적인 태도로 만들어야 한다. 사람들의 우호적인 태도 형성을 위해서는 우리의 정책, 우리의 제도가 국민에게 어떤 혜택을 주는지 전달하는 게 중요하다. 이때 메시지는 쉽고 명확해야 한다. 그래야 국민의 생각과 태도 그리고 행동을 변화시킬 수 있다. 이게 바로 메시지에 신경 써야 하는 이유이다.

하지만 이 부분은 홍보담당자 혼자 할 수 있는 일이 아니다. 공공기관의 홍보는 정책과 서비스를 알리는 것인데, 그런 것들을 개발하고 기획하는 일은 홍보담당자의 영역이 아니기 때문이다. 그래서 공공기관 홍보는 사업 실무자도 함께 고민해야 한다. '본질'이 별것 없으면 아무리 홍보를 잘해도 오히려 역효과를 불러올 수 있다. 그리고 '본질'이 좋지 않으면 우리의 목적인 국민의 태도 변화를 이끌어낼 수 없다.

만약 맛있는 회를 먹기 위해서 횟집에 방문했다고 생각해보자. 회가 나오기 전에 깔리는 밑반찬이 아무리 맛있고, 고급스럽다고 해도 마지막에 나오는 회가 신선하지 않고 맛이 없다면 그 횟집을 다시 방문하지 않을 것이다. 아무리 인테리어가 좋고, 서비스가 훌륭하고, 횟집 간판이 이목을 끌더라도 횟집의 본질은 '회'다. 본질이 형편없으면 나머지 것들로 고객을 현혹하려 한다고 해도 그 횟집에 대해 긍정적인 평가가 나오기 어렵다.

공공홍보에서의 본질은 국민이 바라고 국민에게 필요한 정책과 서비스이다. 따라서 사업부서에서 알리고자 하는 본질이 좋아야 더 나은 홍보를 할 수 있고, 그 결과 국민의 행동을 바꿀 수 있다. 즉 태도형성을 위해서는 사업부서와 홍보부서의 협업이 필요하다.

마지막 단계인 행동유발(Action)은 전파다.

어떤 사람이 내가 전달하는 메시지를 감명 깊게 봤다면, 그 정책과 서비스를 이용하고자 할 것이다. 더 나아가 그 정보를 지인들에게 알릴 것이다. 만약 그 정보가 그들에게도 유리하다면 그 홍보 효과는 더욱 커진다. 하지만 행동유발단계에서 그것을 전파하는 과정이 어렵거나 복잡하면 말짱 도루묵이다. '확산'이 안 되면 아무리 홍보를 잘했더라도 큰 효과를 기대하기는 어렵다. 즉 홈페이지, 블로그를 통해 메시지를 전달했다면 '퍼나르기'가 편해야 한다는 말이다. 그래야만 빠르게 전파되고 그것이 다시 퍼지는 바이럴이 일어나게 된다. 홍보에서 바이럴만큼 강력한 무기는 없다. 사람들은 매체보다 지인의 말을 더 신뢰하기 때문이다.

LX한국국토정보공사는 약 5,000여 명의 지적측량사들이 매일매일 전국을 누비며 측량을 한다. 전국 시·군·구에 LX의 지사가 없는 곳이 없다. 심지어 울릉도에도 있다. 그리고 그 수많은 측량사들은 항상 점심을 식당 밥으로 해결한다. 여기에 아이디어를 얻어 홍보담당자는 '지적측량사가 알려주는 진짜 맛집'을 국민에게 소개하면서 기관홍보도 자연스럽게 하는 방법을 기획했다. 그리고 2013년, 매일매일 전국을 누비는 LX한국국토정보공사 지적측량사들이 추천하는 광고 없는 찐 맛집 리스트 '땅 이야기, 맛 이야기' 1탄이 세상에 나왔다.

2013년 발간된 '땅 이야기, 맛 이야기' 1탄

티 내는 홍보

당시 맛집들은 대부분 광고를 통해서 노출되거나 검색되는 게 많았기 때문에 이 책과 우리 기관은 소위 대박이 났다. 한 번도 네이버 실시간검색 순위에 오른 적 없는 LX한국국토정보공사가(당시 사명은 대한지적공사) '땅 이야기, 맛 이야기'를 출간하면서 네이버 실시간 검색어 1위까지 오르는 기염을 토했다. 그리고 이때를 이용해 홍보담당자는 사람들이 쉽게 퍼나르는 행동(Action)을 유발하기 위해서 LX맛집리스트를 요약해 카카오톡으로 공유할 수 있게 텍스트파일을 만들어 배포했다. 그 리스트는 몇 년간 돌고 돌아 우리 기관 국회담당자에게까지 들어갔다고 한다.

만약 단순히 책자 발간으로 끝냈으면 그때 반짝하고 말았을 홍보기획이 공유하기 쉬운 형태로 재배포되어 몇 년간 회자된 사례이다. 그리고 우리 기관은 추가예산 한 푼 안 들이고 홍보효과를 톡톡히 봤다. 제대로 일한 '티'를 낸 것이다. 그 후로 우리 기관은 3년마다 1번씩 맛집 책자를 시리즈로 발간 중이다.

우리의 홍보성과를 '티' 내기 위해서는 다른 사람이 봤을 때도 수긍할만한 수치가 있어야 한다. 그리고 공공홍보 3A의 마지막 단계인 행동유발을 잘 설계한다면 '퍼나르기', '좋아요' 등 다양한 수치를 눈으로 확인할 수 있다. '땅 이야기, 맛 이야기'의 경우 내 주위 사람들이 직접 돌고 도는 카톡을 받아봄으로써 말이 필요 없을 정도의 '티'가 났었다. 그 당시 사장님도 지인이 보내준 리스트를 받았었다니, 정말 대박이지 않은가!

공공기관
홍보담당자라면
기획 단계부터 3A를
고려하라!

Awareness 어떤 방향으로 인지시킬 것인가!
Attitude 어떤 메시지로 태도를 형성할 것인가!
Action 어떤 방법으로 사람들의 행동을 유발할 것인가!

내 식구들 챙기는 게
가장 '티' 나는 방법이다

심리학에는 에펠탑 효과라는 용어가 있다. 미국의 사회심리학자 로버트 자이언스가 명명한 효과인데 처음에는 싫어하거나 무관심했지만 대상이 반복적으로 보여질수록 그 대상에 대한 호감도가 증가하는 현상을 말한다. 다른 말로는 단순노출 효과라고도 한다. 이 용어는 에펠탑 설치에 대한 최초 반대 여론과 이후 사람들의 태도변화를 관찰하며 만들어졌다.

에펠탑은 1889년 프랑스 대혁명 100주년과 파리만국박람회를 기념하기 위해 건립되었다. 에펠탑 건축을 주도한 알렉산더 구스타브 에펠은 처음 건립계획을 발표하고 당혹스러움을 감출 수 없었다. 당시 파리의 많은 예술가와 시민들이 에펠탑의 건립을 강력하게 반대했기 때문이다. 그들은 고풍스러운 고딕 건물로 이루어진 아름다운 도시 파리에 무게 7천 톤, 높이가 320미터나 되는 철골 구조물이 천박하다고 생각했다. 그리고 고층 건물이 거의 없는 파리에서 높이 솟은 흉물스러운 철탑이 우아한 도시의 이미지를 망친다고 생각했다. 에펠탑이 건립된 후에는 부유층들이 에펠탑 안에 있는 레스토랑에서 식사를 많이 했는데, 그 이유가 유일하게 '에펠탑이 보이지 않는 곳'이기 때문이었다. 그만큼 파리 시민들은 에펠탑을 싫어했다. 하지만 에펠탑은 파리 어디에서든 볼 수 있었고, 파리 시민들은 계속해서 에펠탑을 볼 수밖에 없었다. 그러자 에펠탑에 대한 시민들의 호감이 점차 올라갔다. 그리하여 당초 20년만 유지하기로 했던 에펠탑은 철거위기를 넘기고 현재까지도 파리 시민들이 가장 사랑하는 랜드마크이자 관광명소로 명성을 이어가고 있다.

티 내는 홍보

홍보·광고 분야에서는 이런 에펠탑 효과를 적극적으로 활용한다. 각종 배너 광고, 온라인 광고, 지하철 광고 등 수많은 매체를 통해서 자신들의 상품과 브랜드를 한 번이라도 소비자에게 더 노출시키려 안달이다. 하지만 당연하게도 공공기관에서 이러한 에펠탑 효과를 얻기는 거의 불가능하다. 작고 소중한 우리 예산으로 '매체에 지속적으로 광고한다니…' 꿈같은 이야기다.

공공기관과 지자체에서 적은 예산으로 광고하고 이벤트를 하더라도 기관을 각인시키는 일은 사막에서 바늘 찾는 것만큼이나 힘들다. 그렇다고 공공기관이 민간 대기업처럼 막대한 예산을 들여서 광고를 반복적으로 할 수도 없다. 우리는 최소한의 예산으로 홍보를 해야만 하는 공공기관과 지자체 홍보담당자들이다. 그렇기 때문에 우리가 홍보한 '티'를 내기 위해서는 내부적으로는 최대한의 효과를 본 것처럼 인식시켜야 한다. 우리가 스스로 '우리 홍보 잘하고 있어요'라고 내부직원들에게 알리는 것이다. 국민이 우리를 잘 아는 것도 중요하지만 내부적으로 우리가 홍보를 잘하고 있는 사실을

알리는 것이 더, 더, 더 중요하다.

　내부홍보를 잘하기 위해서는 자신이 한 일을 잘 포장하는 과정이 필요하다. 안타깝게도 자신의 맡은 일로 하루하루 바쁘게 살아가는 공공기관 종사자들은 타 부서나 다른 담당자들의 일에 그다지 관심이 없다. 아무리 외부에서 좋은 반응을 일으킨 홍보라고 하더라도, 내부직원들의 호응을 얻지 못한다면 인사 시즌이나 진급 시즌에 좋은 평가를 받기는 어렵다.

　홍보는 알리는 것이다. 여기에는 내 편에게도 제대로 알리는 것까지 포함된다. 게다가 내 편에게 알리는 홍보는 돈이 들지 않는다. 즉 예산을 안 쓰더라도 홍보담당자가 조금만 부지런하면 홍보실적을 톡톡히 인정받을 수 있는 방법이 바로 내부홍보이다. 홍보 '티'를 내고 싶은 홍보담당자라면 우선 내부커뮤니티를 적극적으로 활용해야 한다. 대부분의 공공기관은 보안상 이유로 내부망과 외부망을 분리해서 사용한다. 즉 업무용 PC에서는 인터넷에 바로 들어갈 수 없다.

개인적으로는 아주 불편하고 성가신 시스템이다. 인터넷이 되는 외부망 PC에서는 한글이나 엑셀 작업이 전혀 불가능하고, 파일을 외부에 보내거나 메일을 통해서 받은 자료를 내부 PC에서 활용하기 위해서는 승인을 받고 내부망으로 다시 전송해야 하는 복잡한 과정을 거쳐야 한다. 이게 말은 간단한데 일할 때는 완벽하게 인터넷서핑 등을 막는 시스템이라고 보면 된다.

망분리는 일할 때는 아주 불편하지만 홍보담당자로서는 이 점을 꽤 유용하게 이용할 수 있다. 공공기관에서 일하는 직원들이라고 해서 하루 종일 일만 하지는 않는다. 그렇다고 대놓고 외부망 PC에서 인터넷을 하는 것도 눈치가 보인다. 때문에 '인트라넷'이라는 내부전용 커뮤니티 화면을 PC에 자주 띄워 놓는다. 우리 홍보담당자들은 이 점을 주목해야 한다.

내부 직원들이 하루 일과 중 가장 많이 보는 화면인 내부 인트라넷에 우리 부서가 잘한 일, 지금 외부에서 우리 기관을 홍보하는 것 중 좋은 성과가 나온 것들을 올려주는 것이다. 보통 내부 인트라넷에는 기관별 업무실적들을 적은 게시물들이 많이 올라온다. 그리고 그런 것들이 재미있을 리 없다. 앞서 말했듯 직원들은 타 부서 일에 별로 관심이 없기 때문이다. 그렇기에 재미있는 홍보아이템은 직원들의 관심을 끌기에 아주 좋은 콘텐츠가 된다. 삭막한 사막과 같은 내부게시판에서 홍보아이템 관련 글은 그나마 '볼만한' 게시물이다.

LX한국국토정보공사의 전 직원은 약 5,000명이다. 하지만 내부 인트라넷 커뮤니티에 올라온 게시물들의 평균 조회 수는 400회가 채 안 된다. 그런 상황 속에서도 홍보부서에서 톡톡 튀는 제목으로 올려놓은 게시물들은 2,000회가 훌쩍 넘는 조회 수를 보이곤 했다.

홍보부서에서 운영하는 홍보관을 리뉴얼했을 때의 일이다. 내가 담당했던 업무였기에 나는 홍보관의 새 단장을 내부직원들에게 알리고 싶었다. 사실 홍보관은 본사 로비에 위치했기에, 전국 시·군·구에 있는 본부·지사 직원들은 그 존재 자체를 알지 못한다. 하지만 나는 내가 멋지게 리뉴얼한 홍보관을 '티' 내고 싶었고, 당시 유행했던 영화 극한직업의 명대사를 패러디해 '이것은 오락실인가 홍보관인가! 지금까지 이런 홍보관은 없었다'라는 제목으로 재미있는 글과 그림, 짤방 등을 활용해 내부 게시판에 글을 올렸다. 놀랍게도 이 게시물은 3,000회가 넘는 조회 수와 120개의 댓글이 달렸다. 보통 사내게시판 평균 댓글 수는 10개 미만이며, 대부분 '잘 보았습니다'로 끝나는 것을 감안하면 유례없는 폭발적인 지지와 반응이었다. 그 게시물이 대박을 치고 가끔씩 지역에서 근무하는 직원들이 나를 만날 때마다 그 홍보관 소개 글 너무 좋았다고 말해주던 기억이 있다.

리뉴얼한 LX홍보관

물론 일반 국민은 LX에 홍보관이 있는지도 모른다. 하지만 내부적으로 우리 홍보부서가 일을 잘하고 있다는 사실을 적극적으로 알릴 수 있는 기회였다. **사내게시판은 잘만 활용하면, 1만큼 일하고 10만큼 효과를 볼 수 있는 매체다.**

사내게시판이 아니더라도, 내부직원들의 공감과 관심을 얻을 수 있는 방법은 많다. 바로 직원들을 홍보에 참여시키는 것이다. 많은 인원이 근무하는 조직일수록 그 안에는 끼로 똘똘 뭉쳐있는 직원들이 있기 마련이다. 그 사람들은 공공 특유의 권위적인 조직문화 때문에 기를 못 펴고 있을 뿐, 판만 잘 깔아준다면 충분히 기관홍보에 큰 역할을 할 수 있는 사람들이다. LX에서도 내부직원 중 홍보요원들을 선발해서 활용하고 있다. 'LX엔터'라는 이름으로 젊은 직원 중 끼 있는 직원들을 뽑는 시범적인 도전이었는데, 공고가 나가자마자 의외로 수십 명이 응모해서 깜짝 놀랐던 적이 있다.

그렇게 뽑힌 내부직원들을 활용해 사내 라디오 방송, 유튜브 콘텐츠 제작, 리포터 등 다방면으로 활용하고 있으며, LX엔터 본인뿐 아니라 직원들에게도 좋은 반응을 얻고 있다.

티 내는 홍보

　내 주위에서 같이 근무하는 직원들이 직접 홍보활동에 참여하기 때문에 내부직원들의 반응도 매우 좋았고, 더불어 그 기획자인 나도 일한 티를 팍팍 낼 수 있었다.

　공공기관 홍보는 분명 한계가 있다. 얼마 안 되는 예산으로 국민 모두에게 기관을 알리고 사업을 홍보하는 것은 사실상 무리다. 하지만 실제로 모든 국민이 잘 알지 못하더라도 그런 효과를 낼 수 있는 방법은 있다. 내부적으로 "아~ 홍보 잘하네"라는 소리를 듣는 것이다. 내부적으로도 공감을 얻지 못하는 내용으로 국민을 설득하는 것은 어불성설이다.

그리고 아무리 외부 홍보를 잘하고, 좋은 성과를 내더라도 내부적으로 알아주지 않는다면 홍보부서가 설 자리는 점점 줄어들게 된다.

외부 홍보도 중요하지만 우선 내부 홍보부터 먼저 하라! 더 좋은 건 내부 홍보는 예산이 안 든다는 것이다. 특히나 홍보부서의 업무는 대부분 대국민과 유관기관 등 외부에 알리는 내용이 많기 때문에 잘한 것을 잘 포장해서 내부에 알리고 공감을 얻을 필요가 있다. 내 식구들 먼저 챙기자.

언론·방송이
우리 기관을 사랑하게 하라

지자체와 공공기관에서 가장 사랑하는 홍보수단을 꼽자면 단연 1위가 '언론홍보'일 것이다. 신문의 구독률과 열독률은 매년 급격하게 떨어지고 있다. 그러나 아직 공공기관은 언론을 사랑한다. 다양한 이유가 있겠지만, 언론에서 생산하는 기사는 '휘발성' 정보가 아니라 '기록'으로 남는 홍보수단이라는 점 그리고 언론은 국민에게 가장 신뢰도 높은 매체라는 사실 때문일 것이다. '신뢰도'는 공공기관 홍보에서 목숨처럼 여겨야 하는 요건이다.

이렇게 공공기관에서 언론을 중요하게 생각하기 때문에 언론사를 상대하는 것은 언제나 공공기관 홍보담당자의 가장 큰 업무 중 하나이다. 그리고 홍보담당자들이 가장 어려워하는 일이기도 하다. 까다롭기로 소문이 자자한 기자들을 상대해야 하기 때문이다. "내가 말 잘못해서 우리 기관 기사가 안 좋게 나가면 어쩌지?"하는 불안감과 긴장감을 항상 안고 만나야 하기 때문에 기자들과의 관계는 언제나 조심스럽다. 그렇다면 이렇게 쉽지 않은 기자들을 상대하기 위해 우리는 몇 개의 언론사들을 만나야 할까? 현재 우리 대한민국에는 몇 개의 언론사가 있을까?

문화체육관광부에서 매년 발표하는 통계자료에 따르면 놀랍게도 우리나라 언론사는 무려 2만 4천 개가 넘는다. 물론 월간지, 주간지, 계간지를 모두 포함한 숫자지만 어마어마한

2022년 정기간행물 현황 등록일람표

일간신문	통신	기타일간	주간	월간	격월간	계간	연2회	인터넷신문	합계
716	33	84	3,329	5,203	816	1,928	1,123	11,251	24,483

출처: 문화체육관광부

숫자인 것은 틀림없다. 그 수많은 언론사를 홍보담당자가 모두 상대할 수는 없다. 하나의 언론사에도 많게는 수십 명의 기자들이 있는 상황에서 그분들을 일일이 대응하기는 불가능할 것이다. 그렇지만 역으로 생각해 보자면 언론사가 많다는 것은 굳이 만나서 네트워크를 형성하지 않더라도 우리의 보도자료를 기사화해 줄 곳이 넘쳐난다는 이야기도 된다. 예전에는 지면신문을 발행하는 대형 언론사만이 그런 권한이 있었지만, 이제는 대부분의 기사를 모바일과 온라인으로 소비하는 시대이다. 때문에 홍보담당자는 작은 언론사라도 우리의 기사를 실어줄 수 있는 역량이 된다면 적극적으로 네트워크를 가져야 한다. 이때의 관계 형성은 온라인만으로도 충분하다. 그럼 어떻게 이 수많은 언론사가 우리 기관을 기억하고 내가 보내는 보도자료를 기사화하게 할 수 있을까?

티 내는 홍보

첫째, 기자의 기사를 피드백하라.

여기서 기자는 우리 기관의 보도자료를 한 번이라도 써줬던 기자여야 한다. 혹시나 연락처를 알고 있는 기자라면 더욱 좋다. 기자들은 기본적으로 본인이 직접 취재해서 작성한 기사에 대한 자부심이 매우 높다. 때문에 간간히 포털에 네트워크를 가져갈 기자의 이름을 검색해 최근에 올린 기사들을 찾아본 후 그 기사에 대해서 "기자님 이번 기사 너무 좋던데요?"라는 피드백을 하는 것이다. 전화가 부담스럽다면 문자나 이메일도 상관없다. 기자에게 '저는 우리 기사가 아니어도 당신의 기사를 챙겨보고 있어요'라는 메시지를 전달하면 된다. 그렇게 몇 번 하다 보면 그 기자는 당신을 정확하게 기억할 것이고, 당신이 보내는 보도자료가 기사화될 확률은 쭉쭉 올라갈 것이다.

나는 특이하게도 홍보업무를 하고 있지만, 술을 한 잔도 마시지 못한다. 맨 처음 언론 담당이 되었을 때 가장 큰 걱정이 바로 '술'이었다. 선배들이 기자들과 술 한 잔하며 '형님', '아우'로 관계를 맺고 긍정적인 관계를 이어갔다는 무용담을 수 도 없이 들었기 때문이다.

그러나 술 한 잔 못 마시는 나도 언론 파트에 있을 때, 내가 담당하는 기자들과 매우 친하게 지냈다. 나처럼 술을 못 마 시는 홍보담당자가 있다면 꼭 이 방법을 사용해 보길 추천한 다. 기자도 사람이다. 매일 먹는 술이 반가울 리 없다. 그들 도 일하기 위해, 정보를 얻기 위해 기관 담당자를 만나서 술 을 마시는 것이다. 그러니 '술' 대신 '기사에 대한 피드백'으 로 접근해 보는 것도 좋은 전략이 될 수 있다. 전화, 문자, 이 메일 한 통이 어려운 일은 아니니까 꼭 써먹길 바란다.

둘째, 기관만이 줄 수 있는 통계자료를 제공하라.

예전에 ○○투어 홍보팀장님과 이야기할 기회가 있었다. ○○투어는 여행업계에서 유명한 기업이지만 홍보예산은 아 주 적게 편성되어 있었다. 때문에 다른 민간 기업들처럼 기자 들을 대접하거나 공격적인 광고를 할 수 없었다고 한다. 하지만 ○○투어는 '여행'이라는 분야의 풍부한 통계자료가 있었다. 그래서 그 팀장님은 메일링리스트에 있는 기자들에게 매달 여행 관련 통계자료를 보냈다고 한다. 보도자료 형식이 아닌 원본데이터를. 그런 활동을 1년 동안 하자, 기자들이 여행하면 자신의 회사를 떠올렸다고 한다. 그 뒤부터는 계절별 여행 기사를 작성하거나 방송인터뷰가 필요할 때 그 통계자료를 보냈던 팀장님을 찾았다고 한다. 돈 한 푼 안 들이고 방송 출연에 언론사 인터뷰까지 진행한 것이다.

만약 공개할 수 있는 우리 기관만의 통계자료가 있다면 아끼지 말고 팍팍 제공하라. 그리고 '그 분야 최고는 우리 기관이다'라는 인식을 심어주는 게 중요하다. 그럼 돈 한 푼 안 들이고 '티' 나는 언론홍보를 할 수 있다.

셋째, 중요한 기사라면 릴리즈 후에 꼭 연락하라.

가끔 기관장이나 부서장이 특히나 신경 쓰는 보도자료가 있다. 그런 보도자료는 작성에도 많은 공을 들여야겠지만,

릴리즈 후에도 꼭 신경 써야 한다. 보도자료의 작성과 배포의 최종적인 목적은 '기사화'이기 때문이다. 기사는 홍보담당자가 신경 쓰면 쓸수록 많이 나온다. 물론 많은 기사화를 위해서는 평소의 언론네트워크 관리가 중요하다. 하지만 더 확실한 방법은 꼭 기사화해야 할 보도자료라면 릴리즈 후에 전화나 문자를 돌리는 것이다.

"기자님 지금 OO 관련 보도자료 보내드렸는데, 신경 좀 써주세요." 이 한마디면 충분하다. 조·중·동 소속 기자들은 하루에 약 200개의 보도자료를 메일로 받는다. 대부분의 보도자료는 열어보지도 않고 바로 휴지통 행이다. 하지만 홍보담당자가 직접 전화까지 해서 부탁한다면, 열어보지도 않고 지워지는 불상사는 막을 수 있다. 물론 기사화가 되기 위해서는 보도자료의 콘텐츠가 좋아야 하겠지만, 사업이나 정책은 홍보담당자가 할 수 있는 일이 아니기 때문에 우리는 우리 자리에서 최선을 다하면 된다. 그리고 그 최선이 바로 '릴리즈 후 연락'이다. 이 방법은 효과는 좋지만, 너무 자주 쓰면 약빨이 떨어진다는 단점이 있으니 정말 중요한 보도자료를 배포할 때 한 번씩 써먹길 바란다.

마지막, 만난 후가 더 중요하다.

언론담당파트는 항상 기자들을 상대한다. 기자들과 우호적인 관계를 맺는 것이 언론홍보 쪽에서는 매우 중요하기에, 수시로 식사 약속을 잡고 기자들을 만난다. 우리 기관에서도 '찾아가는 기자간담회'라는 이름으로 기자들과 지속적인 소통자리를 마련하고 있다.

여러 명의 기자가 참석하는 기자간담회에서는 사실 기자 한 명 한 명과 관계를 맺기 어렵다. 그래서 우리는 1:1 또는 2:2 정도의 소수인원을 대상으로 우리가 직접 기자가 있는 근처로 찾아가서 만나는 '찾아가는 기자간담회'를 개최한다. 말은 기자간담회지만 사실 기자들과 인간적인 관계를 맺고자 하는 자리이기에 어려운 사업이나 기관의 정책 이야기는 거의 하지 않는 가벼운 자리다.

과거에는 이런 기자간담회에 갈 때마다 항상 기념품을 지

참했다. 비록 기관에서 만든 기념품들은 고가의 제품이 아니기에 좀 쑥스러울 때도 있었지만, 빈손으로 가는 것보다 낫다는 생각에 항상 챙겨갔다. 하지만 만남이 술자리로 이어지면 기자들이 선물을 잃어버리기도 하고, 우리도 들고 다니기 굉장히 번거로울 때가 많았다. 그리고 한 번 만남에서 대화와 선물까지 다 주면 그다음으로 이어지는 '관계의 지속성'도 떨어졌다.

그래서 지난해부터는 전략을 바꿨다. 찾아가는 기자간담회가 끝난 이후 그때 받은 명함주소로 선물을 보내드리는 것이다. 여기서 선물은 고가의 상품이 아니다. 우리가 홍보를 위해 제작한 인형, 담요, 맛집책자, 달력 등 굿즈들을 전달하는 것이다. 찾아가는 기자간담회 당시 기자들의 특징을 파악해서, 어린아이가 있는 기자들은 인형이나 열쇠고리와 같은 캐릭터 굿즈를 선물하고, 맛집에 관심이 많은 기자는 우리 기관에서 발행하는 지적측량사들이 추천하는 찐 맛집책자 '땅 이야기, 맛 이야기'를 전달하는 식이다.

이렇게 하면 한 번으로 끝나는 만남이 아니라, 2번 이상 관

티 내는 홍보

계가 이어지면서 다른 기관과 차별화된 언론네트워크를 만들 수 있다. 선물을 받은 기자들은 항상 피드백을 하기 때문에 가능하다. 특히 2019년부터 매년 기관 마스코트 '랜디'를 활용해 제작하는 'LX굿즈'를 받은 기자들의 반응은 폭발적이었다. 품질과 디자인이 훌륭해서 본인들이 직접 소장한다는 기자들도 많았다. 이렇게 기자간담회 애프터서비스로 우리의 언론광고 예산은 보잘것없지만 기자들과 항상 우호적인 관계를 만들어 나가고 있다.

기자간담회 애프터서비스에 활용된 굿즈

제목이 달라야
티가 난다

앞서 공공홍보의 3A에서 말했듯이 홍보에서 제목은 두말하면 입이 아플 정도로 큰 영향을 미친다. 그리고 '제목의 중요성'은 비단 홍보분야뿐만 아니라 업무 전반에서도 남다른 성과를 만드는 1등 공신 역할을 한다.

공공기관 홍보담당자는 일 년에도 몇 십 건의 문서를 작성한다. 행사기획, 광고추진, 콘텐츠제작 등 그 종류도 다양하다. 문서 작성은 공공기관에서 홍보담당자들의 주요 업무이다. 공공기관은 말 그대로 문서로 시작해 문서로 끝난다. 우리가 하는 모든 일을 기록으로 남겨야 하기 때문이다. 그래야 순환제로 운영되는 공조직의 특성상 서류만 봐도 전임자가 어떻게 일을 했는지 잘 알 수 있다.

아마 공공기관에서는 인수인계가 제대로 이루어지지 않는다는 볼멘소리가 나오는 원인도 여기 있을 것이다. 시스템에 등록된 문서들이 방대하다 보니 별도로 개인 대 개인으로 인수인계가 필요치 않다고 생각하는 것 같다. 하지만 컴퓨터 본체를 포맷하고 가는 등 부서 이동 전에 개인자료를 단 하나도 안 남기는 분도 많다.

공공기관 종사자들과 공무원들은 각종 기획안, 제안서, 보고서를 쓰는 것이 업무의 대부분을 차지한다. 사업 하나를 추진하려면 먼저 기획안을 올려서 결재를 받고, 타 부서 협조문, 업체선정, 선정결과보고, 중간보고회, 최종보고회, 결과보고회 등 사업 1개당 생성하는 문서가 대략 10~15개 정도 된다.

이렇게 수많은 문서 중 가장 중요한 문서는 단연 최초 기획안이다. 다른 문서들은 최초 기획안에서 파생되어 나오는 것들이기 때문이다. 그리고 차별화된 기획안, 확실하게 기억되는 기획안들은 모두 '제목'이 여타 다른 문서들과는 달랐다. 똑같은 내용의 기획안이라도 제목에 심혈을 기울인 보고서는 더 사랑받고 동료들의 기억에 오래 남는다. 즉 문서 하나를 만들 때도 '제목'에 얼마나 신경 썼느냐에 따라서 일한 티가 나는 것이다.

우리 기관은 정부의 지역균형발전 정책에 따라 1976년부터 서울 여의도에 있던 본사를 2013년 전주로 이전했다. 그 후로 지역과 함께하는 다양한 활동들을 추진하고 있는데, 그중 하나가 전주시립교향악단과 함께하는 연주회이다. 전북혁신도시에 있는 LX본사 로비에서 전주시립교향악단과 함께 매년 작은 연주회를 개최하는데, 연주회 제목은 항상 비슷했다.

00년도 전주시립교향악단과 함께하는 송년연주회

참 식상하지 않는가? 하지만 COVID-19로 모두가 우울감에 빠져있을 때, 홍보담당자의 고민 끝에 무릎을 탁 치는 제목으로 행사 명칭이 바뀌었다.

토닥토닥 힐링 음악회

COVID-19로 지친 주민과 직원들을 위로하는 콘셉트로

꾸며진 음악회였다. 제목하나 바뀌었을 뿐 연주회 출연자나 장소, 규모 모두 다 예년과 비슷했다. 하지만 그 제목 하나로 행사에 참여하는 사람들의 숫자는 무려 1.5배나 많아졌다. 그리고 내부 직원들 모두가 그 음악회를 알게 되었다. 딱딱한 기관 문서에 '토닥토닥'이라는 감성적인 제목으로 수신된 문서를 안 열어볼 수 없었던 것이다. 제목 하나로 담당자의 일한 티를 팍팍 냈다. 홍보·마케팅 분야에서도 제목 하나 바꿔 소위 '대박'을 친 사례들은 수도 없이 많다.

1991년 9월 28일, 일본의 아오모리 현에 역사상 최고 풍속의 태풍이 강타했다. 그 태풍으로 아오모리 현 일대는 쑥대밭이 되었다. 아오모리 현은 맛있는 사과로 유명한 곳이었는데, 수확을 코앞에 둔 시기에 태풍의 직격탄을 맞았기에 농가의 피해는 더 컸다. 대부분의 사과가 태풍의 영향으로 땅에 떨어지는 바람에 더 이상 상품으로 팔 수 없었다. 전체 사과의 약 90%가 상품성을 잃어버린 것이다. 아오모리 현 전체 피해액은 8,000억 원에 달했다. 대부분의 농부들이 망연자실하고 있을 때, 한 농부가 남은 사과라도 팔기 위해서 아이디어를 냈다. 사과에 이름을 바꿔 붙이는 것이다.

새로운 사과의 이름은 '떨어지지 않는 사과'.

실제로 나머지 10% 사과는 태풍 속에서도 떨어지지 않고 버틴 사과이기 때문이다. 이 이름의 사과는 누구에게 인기가 있었을까? 바로 수험생이다. 농부는 떨어지지 않는 사과에 '합격'이라는 포장을 한 뒤 전국 신사(神社)를 통해 판매했다. 자식의 합격을 기원하기 위해 신사를 찾은 부모님들은 높은 가격이 책정되었음에도 불구하고 이 사과를 엄청나게 사들

아오모리 현의 '떨어지지 않는 사과'

티 내는 홍보

였고, 결국 농가는 판매량이 1/10로 줄었음에도 불구하고 매출액은 오히려 올라가는 성과를 이뤘다. 어려운 환경에서 단지 사과의 제목만 바꿨을 뿐인데, 완전히 다른 결과를 낸 것이다.

공공기관 홍보담당자의 기본업무인 언론홍보에서도 제목은 엄청난 영향이 있다. 언론사에 뉴스를 판매하는 통신사인 연합뉴스의 경우 하루 기사 게재량이 1,200개가 넘는다. 모든 보도자료를 다 기사화하는 것이 아니기 때문에 그보다 많은 보도자료를 받고 있을 것이다. 이렇듯 수많은 보도자료 중에서 내가 작성한 보도자료를 클릭하게 만드는 방법이 바로 제목, '헤드라인'이다. 헤드라인에서 기자의 이목을 끌지 못하면 기사화되기 어렵다. 끌리지 않는 제목으로 보내온 보도자료는 아예 열어보지도 않기 때문이다. 이는 독자들도 마찬가지다. 국민도 그 기사를 읽느냐 마느냐를 제목으로 결정한다. 특히 인터넷으로 뉴스를 보는 사람이 기하급수적으로 증가하면서 헤드라인의 중요성은 더욱 높아졌다.

예를 들어 지자체에서 설치한 이순신 장군 동상의 유지보

수에 대한 보도자료를 작성한다고 가정해 보자. 대부분의 보도자료 제목은 사실을 함축해서 다음과 같이 작성될 것이다.

이순신 장군 동상, 유지보수 위해 두 달간 운영중지

그런데 홍보담당자가 조금만 더 고민해서 다음과 같이 조금 비틀어 제목을 정한다면 어떨까.

이순신 장군 동상, 60일 동안 입원한다.

둘 중 어느 제목의 기사를 사람들이 더 많이 클릭할까? 홍보담당자는 기획안, 보도자료뿐 아니라 다양한 글쓰기를 한다. 이때 가장 신경 써야 할 부분이 바로 제목이다. 본문을 작성하는 데 2시간이 걸렸다면 제목을 결정하는 데 최소한 30분 이상 투자해야 한다. 그래야 '티' 나는 제목을 뽑을 수 있다.

문서 하나를 만들 때도
'제목'에 얼마나

신경 썼느냐에 따라서
일한 티가 난다.

03

'티' 나는 홍보를 위한
5가지 체크리스트

#Check

앞서 말한 '티' 나는 홍보방법을 사용하기 위해 선행되어야 하는 조건은 뭘까? 당연히 홍보내용이 좋아야 한다. 하지만 내용은 우리가 손댈 수 있는 부분이 아니다. 홍보의 내용은 사업을 만들고, 정책을 구상하는 부서에서 고민해야 할 몫이다. 우리 일이 아닌 것에 고민할 필요는 없다. 다만 우리는 어떤 내용이 '홍보할 거리'인가 항상 예의주시해야 한다. 우리가 아무리 좋은 홍보를 한다고 해도 '홍보거리'가 안 되는 내용을 홍보하면 기관을 알리고 사업을 알리는 효과보다는 오히려 평판이 깎이고, 민원이 폭주하는 역효과를 보기 때문이다. 그래서 '내용'에 대한 고민은 하지 않더라도 '내용'을 고르는 눈은 필요하다. 만약 홍보 내용도 훌륭하다면 그 다음으로 중요한 것이 전략이다.

홍보전략은 홍보효과를 극대화하기 위한 최적의 실행계획이다. 시중에 나와 있는 수많은 마케팅 기본서에는 3C, 4P MIX 등 다양한 홍보전략을 수립하는 방법들이 나와 있다. 하지만 이 책은 그런 이론들을 다루는 책들이 아니다. 환경분석, 시사점과 문제점 도출 등 개선할 사항과 그것을 실행하기 위한 세부 계획들이 나왔다면, 그 계획안에 꼭 빠지면 안 되는 내용들을 알려주려 한다. 홍보전략 수립과정에서도 우리는 '어떻게 내가 하는 일이 팍팍 티 날까?'를 고민해야 한다. 그리고 어떻게 해야만 홍보효과를 높일 수 있을까를 고민해야 한다.

무엇을
홍보할 것인가

공공기관 홍보담당자는 기관을 대표해서 외부와 소통하는 역할이 가장 크다. 하지만 그전에 내부와 소통하는 전문가가 되어야 한다. 각 사업부서에서 만든 정책을 정확하게 파악하고 홍보소재를 발굴해야 하기 때문이다. 하지만 공공부문에서 대부분의 홍보소재는 상부의 지시 또는 타 부서의 협조 요청에 의해서 진행된다. 우리에게 선택권이 별로 없다는 이야기다. 이럴 때 필요한 능력이 강력한 '키메시지'를 뽑아내

티 내는 홍보

는 것이다.

키메시지는 국민의 태도를 형성하게 만드는 메시지로, 키메시지 작성은 홍보전략 수립의 첫 단계이다. 그리고 강력한 키메시지를 작성하기 위해선 사업부서의 업무내용을 빠르게 확인하고 대중과 소통할 수 있는 콘텐츠로 사업내용을 포장하는 능력이 있어야 한다. 그러기 위해서는 지금 조직에서 무슨 사업이 진행 중이며, 어떤 사안이 조직의 핵심 이슈인지 정확하게 아는 게 중요하다.

만약 대행사를 선정해 운영하더라도 내가 전달하고자 하는 메시지가 명확하지 않으면 구체적이고 설득력 있는 아이디어가 나올 수 없다. 그래서 홍보의 시작은 홍보담당자의 정확한 내용 파악이다. 그리고 국민이 가장 궁금해 하거나 도움이 될 만한 내용을 선정한다. 매끈한 카피라이팅까지는 아니더라도 전달하고자 하는 메시지가 명확해야만 홍보를 위한 기획, 아이디어 발굴, 콘셉트 등 다음 작업을 이어갈 수 있다.

LX한국국토정보공사의 주 업무는 지적측량인데, 그중 가장 큰 비중을 차지하는 종목이 '경계복원측량'이다. 아마 일반인들은 이 단어 자체가 매우 생소할 것이다. 경계복원측량은 국가의 공적장부인 '지적도'에 등록된 토지의 정확한 위치와 경계를 실제 현장에 복원해서 확인하는 측량을 말한다. 나는 홍보담당자이기 바로 직전까지 현장에서 지적측량 업무를 수행하던 측량사였다. 그리고 현장에서 지적측량 업무를 수행하면서 경계복원측량 결과 낭패를 보는 국민을 자주 보곤 했다.

충청남도 태안에서 근무할 때 일이다. 자신이 구입한 토지가 바다가 보이는 목이 좋은 토지인 줄 알고 샀는데 실제 경계복원측량을 해보니 밀물 때는 토지의 절반이 물에 잠긴 사례가 있었다. 또 배산임수 명당이라고 구입했는데 경계복원측량 결과 절벽에 걸치는 경우도 봤다. 비싼 돈을 들여서 큰맘 먹고 산 땅이 바다에 잠기거나 절벽에 걸친다는 사실을 알게 됐을 때 절망하던 고객들의 표정이 아직도 생생하다. 그래서 내가 현장에 있을 때는 지적측량 고객들에게 이렇게 자주 말하곤 했다. "고객님 땅 살 때는 잔금 치르기 전에 꼭 경계복원측량을 하셔야 해요. 주변 지인들한테도 꼭 하라고 알려드리세요."

하지만 아쉽게도 토지를 구입할 때 경계복원측량을 하는 비율은 불과 7.7%밖에 되지 않는다. 국토교통부와 LX한국 국토정보공사의 자료에 따르면 2020년 전체 토지거래 건수는 220만 건에 이르지만 그중 경계복원측량을 수반한 거래는 17만 건에 불과했다. 8%도 안 되는 수치이다. 100명이 땅을 산다면 92명은 내 땅이 어디인지도, 어떻게 생겼는지도 모르고 산다는 것이다. 그래서 경계복원측량 광고를 진행할 때 이런 현장 경험을 살려 홍보주제로 잡고 키메시지를 뽑을 수 있었다.

"토지거래 전 경계복원측량 하세요."

키메시지가 명확해서 그 당시 TV광고를 제작하는 대행사도 콘티제작까지 신속하게 진행할 수 있었다. 대행사 담당자에게서도 "고객이 추상적인 내용을 주면 작업하기 힘들다. 그런데 LX는 메시지를 정리해서 주시니까 일하기가 훨씬 편하다"라는 피드백을 받을 수 있었다. 비록 해당 기획안은 최상위 결정권자의 변덕으로 세상의 빛을 보지 못했지만 홍보 주제에서 키메시지를 뽑아냈던 이 과정은 나의 성장에도 큰 영양분이 됐다. 티 나는 홍보를 하기 위해서는 가장 먼저 명확한 메시지가 있어야 한다.

대상은
누구인가

키메시지가 나왔다면 그다음 체크요소는 홍보대상이다. 보통 지자체, 공공기관이 홍보 전략을 수립하거나 실행계획을 세울 때 '일반국민'을 대상으로 하는 기획안을 많이 봐왔다. 하지만 일반국민이라는 홍보 대상은 존재하지 않는다. 그건 그냥 보기 좋게 포장한 문서일 뿐이다. 일반국민을 대상으로 하는 공공홍보가 성공한 사례를 나는 본 적이 없다. 홍보의 '티'가 나기 위해서는 명확하게 대상을 정해야 한다.

그리고 그 대상은 좁으면 좁을수록 효과가 높아진다. 물론 홍보의 대상은 내가 전달하고자 하는 키메시지에 영향을 받을 수 있는 대상으로 잡아야 한다. 명확하고 확실한 대상 설정만이 홍보 성공으로 가는 지름길이다. 일반국민을 대상으로 하는 홍보는 버려라.

모두를 위한 홍보는 아무도 보지 않는 홍보가 된다

대상에 집중해 성공했던 경험을 나누고자 한다. 2020년부터 2023년까지 진행했던 'LX창작동화책 발간 프로젝트'이다. '창작동화책 프로젝트'는 최초 기획안을 만들 때부터 "공공기관이 무슨 동화책이냐"라는 핀잔을 들으며 시작도 못해보고 끝날 뻔했다. 지적측량을 주 업무로 하던 우리 기관의 메인고객은 토지소유주였고, 그들은 대부분 5060세대였다. 그런데 갑자기 유치원생을 대상으로 한 동화책을 만들겠다고 하니 결재권자로서는 당연한 반응이었다.

예산확보부터 결재라인 통과까지 꽝장히 많은 난관에 부딪혔다. 하지만 매우 구체적으로 대상을 잡았고 성공할 것이라는 확신이 있었기에 설득에 설득을 거듭해 '창작동화책 프로젝트'를 진행시켰다.

당시 우리 기관의 핵심 홍보지표는 '인지도'였다. 즉 국민들이 우리 기관의 이름을 얼마나 아는지가 홍보의 성과를 판단하는 중요한 지표였다. 기관의 이름이 대한지적공사에서 LX 한국국토정보공사로 바뀐 지 몇 해 되지 않은 시기적 요인 때문에 호감도보다는 인지도 향상에 집중하던 시기였다. 외부 전문대행사를 통해 매년 실시한 인지도 조사결과, 전체 인지도는 상승 곡선을 그렸지만 30대에서는 여전히 바닥을 달리고 있었다. 그중에서도 30대 여성층의 인지도는 최하위였다. 20대는 취업 때문에 우리 기관을 알고 있었고, 40대 이상은 토지를 소유하고 있는 사람이 많았기에 지적측량을 수행하는 우리 기관이 익숙했다. 하지만 30대, 그중에서도 여성은 우리 기관과 접점이 거의 없었다. 접점이 거의 없는

티 내는 홍보

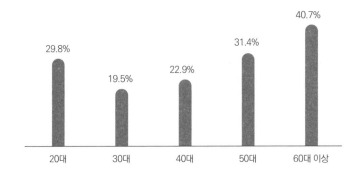

LX한국국토정보공사 인지도 현황(2020년)

구분	인지도
20대	29.8%
30대	19.5%
40대	22.9%
50대	31.4%
60대 이상	40.7%

그룹에서 우리 기관의 인지도가 높게 나올 리 만무했다.

나는 이분들에게 우리 기관의 이름을 알리고 싶었다. 그래서 그 대상을 공략하기 위해 그들을 분석했다. 30대 여성 중에는 유치원에 다니는 아이를 키우는 비중이 높았고, 그들은 자녀교육에 지대한 관심을 보였다. 때문에 아이들에게 동화책을 읽어주는 시간이 많다는 사실을 알게 되었다. 나는 이 부분을 파고들어서 동화책을 만들기로 했다.

세부계획으로 우리 공사의 마스코트인 '랜디'를 활용해 창작동화책을 만들고 교육부의 협조를 받아 전국 유치원에 무료 배포하는 전략을 수립했다. 교육부에서도 교구를 무료로

만들어서 배포한다고 하니, 우호적으로 협력해 주었다. 예산
또한 생각보다 많이 들지 않았다. 책을 대량으로 인쇄하다
보니 한 권당 약 2,000원이면 동화책을 만들 수 있었다. 시
나리오, 그림작가 섭외, 교정교열까지 약 4개월이 소요됐다.

동화책이 배포되자 반응은 폭발적이었다. 유치원에서 교구
로 활용된 '랜디동화책'을 접한 아이들이 '랜디' 이야기를 부
모님께 했고, 부모님과 조부모님들의 추가 배송요청이 쇄도
하기 시작했다. 하루에도 수십 통씩 오는 동화책 요청 때문
에 홍보부서 일이 제대로 안 돌아갈 지경이었다.

감당이 안 되는 물량 때문에 원가로 온라인 판매까지 진행
되었고, 6개월 만에 전량매진을 기록했다. 물론 판매금은 전
액 지역 어린이들을 위해 기부했다. 폭발적인 반응은 단순히
판매뿐 아니라 인지도 조사에서도 수치로 나타났다. 30대
여성의 인지도가 무려 7.8%p 증가한 것이다. 특정 층에서 이
정도 상승폭은 우리 기관에서 인지도조사를 시작한 이래 최
고의 성과였다. 만약 대상을 '일반국민'으로 잡았다면, 이러
한 기획이 나오고 이만큼 홍보효과를 낼 수 있었을까?

LX창작동화 시리즈

목표는
무엇인가

  대부분의 조직, 기관, 기업들이 공통적으로 갖고 있는 게 있다. 사명? 돈? 인력? 아니다. 바로 '비전'과 '미션'이다. 비전은 기업의 미래상을 의미하고, 미션은 그런 미래상을 달성하기 위한 목표이다. 비전이 조직을 움직이는 동력이라면, 미션은 반드시 해야 할 일이다. 그래서 어떤 조직이든 비전과 미션 없이는 제대로 된 경영이 불가능하다.

  이런 원리는 홍보에서도 똑같이 적용된다. 내가 가야 할 방향이 뚜렷하지 않으면 제대로 된 홍보를 진행할 수 없다. 때문에 홍보담당자는 홍보를 기획하거나 진행할 때, 이 프로

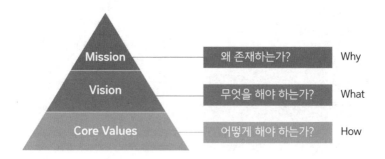

　　　　　　　　　　　　　　　　　　　티 내는 홍보

젝트를 통해 최종적으로 달성하고자 하는 목표를 설정해야 한다. 그리고 그 목표는 정성적인 것보다 정량적인 것이 훨씬 효과가 높다. 정량적인 수치가 있어야만 프로젝트에 참여하는 조직원들의 힘을 한 곳으로 집중시킬 수가 있고, 프로젝트가 끝난 후에 외부에서 봤을 때도 확실한 효과를 자랑할 수 있다. 두루뭉술한 목표를 설정한다면 확실한 '티'를 낼 수 없다.

미국 메릴랜드대학교 심리학교수 에드윈 로크는 1968년 목표설정이론을 발표했다. 목표 설정이 집중도와 활동을 유발하고 노력을 유도하며 인내력과 목표달성을 위한 전략개발을 고무시킨다는 이론이다. 즉 인간의 행동은 목표에 의해 결정된다는 것이다. 1953년 예일대학교 졸업생을 대상으로 한 설문에서도 구체적인 목표가 얼마나 중요한지 알 수 있다. 연구진은 재학생 중 구체적인 목표가 있는 학생은 3%에 불과했다는 사실을 확인했다. 그리고 25년 후 그 3% 학생은 나머지 97% 학생의 소득을 모두 합한 것보다 훨씬 큰 소득을 기록하며 사회 각처에서 최고의 인사가 된 사실을 밝혀냈다. 구체적인 목표가 얼마나 우리의 행동에 큰 영향을 미치는지 보여주는 사례이다.

내가 지역주민을 위한 콘서트를 진행할 때의 일이다. 우리 기관은 몇 년 동안 지역주민들을 위한 공연을 진행해 왔었고, 그 당시 콘서트 담당자의 휴직으로 인해 내가 졸지에 담당자가 되어 진행해야 했다. 나는 이왕 맡은 거 제대로 하고 싶다는 생각이 들었다. 마음 같아서는 유명 가수들을 불러서 '열린 음악회' 급의 콘서트를 하고 싶었지만, 그 당시 CEO는 오케스트라 공연을 했으면 하는 의중을 내비치셨다. 어쩌겠는가. 조직에 소속된 직원으로서 최상위 결정권자의 의중을 거스를 순 없었다. 그래서 기획한 것이 '드론쇼+오케스트라+불꽃놀이'의 콜라보였다.

우리 기관은 드론전문교육기관으로 국가로부터 지정을 받았지만, 대부분의 국민은 그 사실을 모른다. 그래서 나는 드론쇼를 통해서 우리 공사가 드론교육분야 최고기관이라는 사실을 알리려 했다. 하지만 아쉽게도 드론쇼를 진행할 수 있는 시간은 10분 남짓이었고 그것만으로 끝내기는 허전해

티 내는 홍보

서 콘서트의 마지막은 불꽃놀이로 장식하는 것으로 기획안을 작성했다. 행사 타이틀은 '드론과 불꽃의 밤'.

그리고 매년 개최하던 콘서트의 평균 관객 수였던 1,000명의 두 배인 2,000명을 목표로 잡았다. 지난해보다 예산이 1.5배로 늘었기에 조금 욕심을 부려 2배로 잡은 것이다.

LX 드론과 불꽃의 밤

기획안이 통과되자 바빠지기 시작했다. "목표를 2,000명이나 잡았는데 1,000명도 안 오면 어쩌지?"라는 불안감 때문에 쉴 새 없이 움직였다. 행사구성이나 오케스트라 섭외는 끝났지만, 행사 자체를 알리는 일이 남아 있었다. 지역행사의 특성을 살려서 최대한 지역주민들에게 알려야 했다.

가장 먼저 지역에서 소문이 가장 빠른 커뮤니티인 '맘카페' 운영자와 접촉했다. 그리고 1회성으로 권한을 부여받아서 행사를 안내했다. 무료행사이고 지역에서 보기 힘든 오케스트라와 드론쇼, 불꽃놀이까지 어우러지는 행사이기에 맘카페 내에서 반응도 좋았다. 오프라인에서는 행정복지센터에 부탁해 지역 면장, 읍장, 아파트 동대표 등을 모아서 설명회도 개최했다. 그리고 지역에 있는 약 70여 개 아파트의 관리사무소를 방문해서 포스터 게시와 안내방송도 부탁했다. 어느 정도 규모 있는 행사는 지역방송국과 협업하는 게 좋기 때문에 3년째 우리 공사와 협업했던 지역방송국인 JTV와도 당연히 함께했다. 이때 JTV 담당자는 내가 행사를 알리는 모습에서 많은 감명을 받았다고 한다. 그만큼 내가 잡은 목

티 내는 홍보

표를 달성하기 위해서 뛰고 또 뛰었다.

그리고 행사 당일. 우려했던 내가 무색할 만큼 사람들이 몰렸다. 행사 시작 4시간 전부터 줄을 서는 사람들이 생기더니, 1시간 전부터는 주변 교통이 마비되기 시작했다. 행사장소를 주차공간이 충분한 월드컵경기장으로 잡았음에도 불구하고 8,000대를 주차할 수 있는 주차장은 만차가 되었고, 경찰까지 교통을 통제하기 위해 출동했다.

경찰 추산 12,000명 집결!

역대급 성공이었다. 공사 창사 이래 최대 인원이 몰리는 행사를 개최한 것이다. 행사가 성공적으로 진행된 것은 많은 분의 도움이 있었지만, 명확하고 구체적인 목표가 한몫했다고 확신한다. 만약 명확한 목표설정이 없었다면 참여했던 사람들이 그렇게 일사분란하게 움직이지 않았을 것이다. 행사뿐 아니라 어떤 기획안이나 홍보내용도 시작 전에 명확한 목표를 설정해야 한다.

엠제이 드마코의 세계적인 베스트셀러 '부의 추월차선'에는 '우리의 미래는 우리가 설계하는 대로 흘러간다'라는 내용이 나온다. '목표'는 바다 위에 등대처럼, 밤하늘의 북극성처럼 우리에게 나아갈 방향을 인도해 준다. 우리가 홍보기획을 할 때 명확하고 구체적인 목표를 설정한다면, 그 목표는 저절로 우리를 '티' 나는 홍보로 이끌어 줄 것이다. 목표를 설정하라. 매우 구체적으로.

행사장에 몰린 인파

티 내는 홍보

예산은
얼마인가

　당신은 홍보에서 가장 중요한 게 뭐라고 생각하는가. 톡톡 튀는 아이디어? 화려한 글 솜씨? 눈 돌아가는 디자인 능력? 아니다. 내가 생각할 때 홍보에서 가장 중요한 것은 돈이다.

　투자의 귀재 소프트뱅크 손정의 회장은 26살 때 만성간염으로 5년이라는 시한부 판정을 받았다. 그때 그의 빚은 10억 엔. 하지만 그는 포기하지 않았다. 5년 동안 할 수 있는 일을 찾았고, 수렁에 빠진 느낌이 들 때마다 책을 읽었다. 그렇게 읽은 책이 4천여 권이다. 그는 이때 평생 먹고 살 수 있는 지식을 얻었다고 회고했다. 결국 그는 병을 이겨내고 지식의 힘으로 소프트뱅크를 글로벌 기업으로 키워냈다. 그가 읽은 4천 여 권의 책 중 인생 최고의 책으로 꼽는다는 '손자병법'에는 이런 구절이 나온다.

凡用兵之法,

馳車千馴, 革車千乘, 帶甲十萬,

千里饋糧.

則內外之費. 賓客之用, 膠漆之材, 車甲之奉, 日費千金.

然後十萬之師擧矣.

무릇 군대를 운용할 때는

전차 1천 대, 군수품 수송용 마차 1천 대,

무장한 병사 10만 명으로 구성된다.

1천 리나 되는 곳에 군량을 보내려면

안팎의 경비와 외교사절 접대비,

군수물자의 조달과 차량과 병기의 보수,

병사 급료까지 하루에 1천 금을 써야

10만 군대를 일으킬 수 있다.

― 손자병법 제2편 작전 중

티 내는 홍보

항우와의 전쟁에서 승리한 한 고조 유방은 천하를 통일한 뒤 개국공신 서열 1위에 소하를 지명한다. 막강한 무공이나 지략으로 승리한 장군이 아니라 군량미 등 전쟁 물자를 차질 없이 공급했던 소하를 1등 공신으로 세운 것은 그것이 없었으면 전쟁을 벌일 수 없었다는 것을 잘 알기 때문일 것이다.

'홍보전략가'를 저술한 이상헌 작가는 성공적인 홍보의 3대 구성요소를 아이템, 메시지, 미디어라고 했다. 홍보는 콘텐츠가 되는 아이템이 있어야 하고, 목표 공중에게 알릴 메시지가 있어야 하며, 마지막으로 이 메시지를 담아낼 미디어가 있어야 한다는 것이다. 아이템과 메시지는 홍보담당자의 영역이지만 미디어는 홍보담당자들이 통제할 수 있는 영역이 아니다. 이것은 바로 '돈', 예산과 직결되는 사항이다.

때문에 홍보담당자는 홍보전략을 수립할 때 우리 기관의 예산을 정확히 파악해서 활용 가능한 범위와 최적의 매체를 선택해야 한다. 만약 예산이 단 한 푼도 없다면 예산 없이 진행할 수 있는 홍보로 전략을 수정해야 한다. 좋은 키메시지와 구체적인 대상, 정량적인 목표를 설정했더라도 그것을 달성하기 위해서 꼭 TV, 라디오와 같은 고비용의 홍보매체가 필요하다면 결국 실행시킬 수 없기 때문이다. 그래서 공공기관에서 예산을 확보하는 일은 전쟁과도 같다.

홍보는 결국 '쩐의 전쟁'이다.

공공기관은 여름이 시작되는 7월부터 다음 해 사업 준비가 시작된다. 그리고 기관 전체 예산을 총괄하는 부서는 11월까지 모든 예산 편성을 마무리하고 이사진의 승인을 받아야 한다. 때문에 예산총괄부서에서는 9월까지 각 부서로부터 내년도 예산요구서를 받는다. 예산요구서에는 내년도 사업계획과 세부예상 소요액이 들어간다. 그렇기에 실제 사업을 진행하는 부서에서는 7~8월에 내년도 사업을 구상하고, 견적을 받고, 산출내역서를 작성하고, 예산의 적정성을 판단해야 한다. 실질적으로 다음 해 진행할 홍보프로젝트가 전년도에 결정되는 것과 마찬가지다. 만약 새롭게 발령받아서 내 프로젝트의 예산을 내가 직접 확보할 수 없을 때는 현재 내가 가

티 내는 홍보

용할 수 있는 예산을 정확히 파악하고 거기에 맞는 홍보전략
을 수립하는 과정이 꼭 필요하다.

환류가
가능한가

홍보담당자는 홍보전략을 수립할 때 '어떻게 환류할 것인
가'를 꼭 고려해야 한다. 이 부분은 홍보담당자의 실적에 막
대한 영향을 미치기 때문이다. 홍보를 실행하고 그 당시 많
은 사람에게 칭찬을 받으며 성공적으로 프로젝트가 끝났더
라도 그건 그냥 '칭찬'일 뿐 나의 '성과'는 아니다. 내가 고생
한 '티'를 내기 위해서는 정량적인 수치가 필요하다. 또한 수
치는 누가 보더라고 객관적인 자료여야 한다.

환류란 어떠한 행위에 대한 결과를 제공함으로써 행동의
변화를 이끌어내는 기법이다. 예를 들어 볼링을 쳤다면 볼
링점수가 얼마인지 알려주는 것이 환류이다. 그리고 만일 점

수가 낮다면, 왜 낮은지 고민하고 그것을 개선하려는 노력을 기울이는 행동이 바로 환류의 효과이다.

환류는 나중에 더 나은 행동을 위해서도 필요하지만, 내가 한 행동에 대한 평가를 객관적으로 함으로써 타인으로부터도 내가 한 일의 '티'를 낼 수 있는 단계이다. 환류를 통해서 우리는 우리의 성과를 제대로 보여줄 수 있다.

앞서 언급했던 'LX창작동화책' 프로젝트의 경우 내가 타깃으로 설정했던 30대 여성들의 인지도를 외부에서 실시하는 인지도조사를 통해 환류를 확인할 수 있었다. 때문에 단순히 칭찬으로 끝난 성공사례가 아니라 기관의 성과급이 달린 경영평가보고서 내용으로 작성되었고, 기관 BP사례로 제출했을 만큼 성공한 홍보프로젝트가 되었다. 실제로 그 프로젝트를 성공시킨 해에 작성한 경영평가보고서 '국민소통' 분야는 최고점을 받았다. 물론 동화책 때문만은 아니겠지만 기여도는 있다고 생각한다.

단순히 평가를 잘 받기 위해서 환류가 필요한 것은 아니다. 정확한 환류를 통해서 우리는 해당 프로젝트에서 잘한

점과 부족한 점을 확인할 수 있다. 그리고 실패한 프로젝트라도 거기서 배울 점이 있었다면, 그것은 완전한 실패가 아니라 성공을 위한 단계일 뿐이다. 그렇기에 우리는 정확한 환류를 해야 한다.

우리 기관 이미지 개선을 위해서 '굿즈'를 처음으로 만들 때 이야기다. 대부분의 기관들이 그렇겠지만, 대민접점이 부족한 우리 기관은 특히나 '딱딱함', '권위적인'이라는 이미지가 강하게 박혀 있었다. 홍보부서에서는 '국민에게 다가가는 기관'이라는 친근한 이미지를 만들기 위해서 다양한 홍보활동을 했지만, 딱히 눈에 띄는 실적을 내지 못한 상황이었다. 그런 상황에서 내가 홍보부서에 발령받게 되었고, 세 아이의 아버지이기도 한 나는 2012년부터 우리 기관의 마스코트였지만, 마땅한 활동이 없었던 '랜디'에 주목했다.

LX한국국토정보공사는 '국토'를 조사하고 관리하는 공공기관이다. '국토'는 땅에만 국한되는 것이 아니라, 국가의 주권이 미치는 영토, 영해, 영공을 모두 포함한다. 그래서 우리 기관은 바다와 땅 모두에서 활동하고, 근면 성실한 이미지가 있는 '거북이'를 마스코트로 정하고 '랜디'라는 이름을 붙여 주었다. 하지만 마스코트로 지정만 했을 뿐 별다른 이용이 없었기에, 국민은 랜디의 존재 자체를 몰랐다. 나는 친근한 기관이미지를 위해서 '이 랜디를 잘 활용하면 되겠다'라고 생각하고 '랜디 부흥 프로젝트'를 기획했다.

그리고 프로젝트의 첫 시작은 '굿즈'였다. 그 당시 카카오프렌즈의 인기가 하늘을 치솟는 상황이었다. 카카오는 다양한 굿즈들을 공격적으로 선보이며 자신들의 캐릭터 인지도와 기업의 친근함을 국민에게 인식시켰다. 나는 그 정도까지는 아니더라고 국민의 삶 속에 우리의 캐릭터가 조금이나마 녹아들었으면 하는 바람으로 '굿즈' 제작에 돌입했다. 이때 딱딱한 기관의 이미지를 탈피하려면 귀여워야 한다고 생각했고, 그래서 디자인에 최대한 신경 썼다. 그리고 2019년, 드디어 '랜디 굿즈'가 탄생했다.

나는 새롭게 선보인 랜디 굿즈에 대한 평가를 받기 위해서 설문지를 만들었다. 그리고 굿즈를 받는 고객들과 사용해 본 직원들에게 직접 설문조사를 했다. 좋은 평가를 기대했지만,

티 내는 홍보

환류결과는 참혹했다. 디자인은 훌륭하지만, 품질이 너무 나쁘다는 평가가 많았던 것이다. 특히 랜디를 이용한 사무용 자석은 자력이 너무 약해서 쓸모없다는 혹평이 이어졌다. 환류결과는 좋지 못했지만, 그 결과 덕분에 나는 '랜디 굿즈'의 개선점을 확실하게 알 수 있었다. 그리고 지금의 랜디 굿즈들은 디자인과 품질이라는 두 마리의 토끼를 잡는 데 성공했다.

2023년까지 매년 제작하고 있는 랜디 굿즈는 2022년부터 온라인 판매까지 시작해, 국민에게 많은 사랑을 받고 있다. 그리고 공사의 이미지를 친근하게 만드는 데도 큰 공을 세웠다. 환류과정에서 부족한 점을 정확하게 찾아내고, 다음 프로젝트에서 그것을 개선하려고 노력한 덕분이다. 이런 점에서 환류는 명확한 성과를 판단하기 어려운 공공홍보 분야에서 발전 방향과 전략 수립에 도움을 주기 때문에 꼭 필요하다.

　환류는 물론 외부전문기관에서 받을 수 있는 평가 자료가 있으면 가장 좋겠지만, 그렇지 않더라고 내가 했던 것처럼 충분히 자체적인 환류가 가능하다. 국민접점에 있는 공공기관들은 항상 국민서비스를 하기 때문에 그들의 의견을 청취할 수 있는 창구가 존재한다. 흔히 VOC(Voice Of Customer)를 접수하는 창구를 이용해서 내 홍보프로젝트에 대한 평가를 받을 수 있다. 그마저도 여의치 않으면 홍보담당자가 직접 설문지를 만들어서 설문을 진행할 수도 있다. 여기서 중요한 것은 누가 봐도 타당한 수치와 자료가 존재해야 한다는 것이다. 칭찬만 듣고 끝내지 말고 내 밥그릇은 내가 챙기자.

내가 홍보한 '티'를 내려면
키메시지와 최종 목표를
먼저 정하는 게 중요하다.
그러고 나서 예산을 확보하고
홍보효과를 증명할
객관적 수치 자료를 챙겨야 한다.

04

돈 한 푼 안 들이는 홍보
Top 9

#What

첫 책 출간 이후 내 인생도 많이 바뀌었다. 기존에 한 번도 해본 적 없던 지자체, 공공기관, 연구기관에서 홍보 관련 강의를 해달라는 요청이 한 달에 2~3건씩 꾸준히 들어왔다. 감사한 마음으로 공공기관 종사자들을 대상으로 홍보강의를 할 때마다 공통된 질문은 공공기관 홍보담당자들의 애로사항이었다.

"어떤 게 가장 힘드세요?"

이렇게 물으면 대부분의 교육생이 공통적으로 하는 이야기는 "홍보하고 싶어도 예산이 부족해서 할 수가 없어요"였다. 그래서 그 다음부터는 강의 내용에 '돈 없이도 홍보 잘하

는 법'을 추가해서 진행했다. 교육생들도 이 부분이 가장 좋았다고 피드백해 주었고, 나 역시도 돈 없는 중소기업, 지자체, 공공기관, 연구기관 등에서 근무하는 홍보담당자들이 가장 필요한 부분이 아닐까 싶다.

물론 홍보는 '쩐의 전쟁'이다. 하지만 모든 상황이 그렇듯이 언제나 살아날 구멍은 있다. 이 치열한 쩐의 전쟁에서도 돈 없는 우리가 홍보할 수 있는 방법은 존재한다. 게다가 돈 한 푼 안 들이고 우리가 홍보 잘한다는 '티'를 팍팍 낼 수 있는 방법들도 있다. 마지막 장에서는 예산이 부족한 홍보담당자를 위한 '돈 한 푼 안 들이고 홍보하는 9가지 방법'을 소개한다.

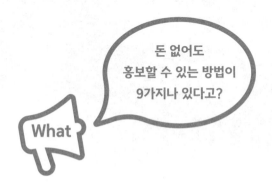

티 내는 홍보

국민과의 기본 소통채널,
SNS

언젠가부터 모든 공공기관이 SNS를 이용해 홍보하고 있다. 네이버 블로그에서 유튜브로 대세가 기운 지 한참이 됐지만, 아직도 대부분의 공공기관들은 블로그, 페이스북, 인스타그램, 틱톡까지 수많은 SNS를 운영하면서 국민과 소통하려 노력한다.

SNS는 잘만 활용하면 돈 안 들이고, 시간도 조금만 투자해 소위 '대박'이 날 수 있는 홍보매체이다. 또한 홈페이지나 보도자료처럼 딱딱한 내용 전달이 아닌 친근하고 재미있는 포맷으로 우리 기관의 소식들을 전달할 수 있다. 그런 과정에서 국민은 우리 기관을 친근하게 느끼게 된다. 공공기관에서 가장 중요한 홍보지표라 할 수 있는 '호감도'가 올라갈 수 있는 최적의 매체이다.

마스코트 '고양고양이'를 활용하여 운영했던 고양특례시의 페이스북은 이미 공공기관 BP사례로 손꼽힌다. 귀여운 고양

고양고양이 캐릭터를 활용한 고양특례시 페이스북

이 캐릭터를 활용해 재미있고 유쾌한 정보를 쏟아내는 고양특례시 페이스북은 팔로워가 15만 명에 육박할 정도로 높은 인기를 끌었다. 2012년에 처음으로 모습을 드러낸 고양고양이는 "뭐라고양? 우리 동네 예산을 인터넷 투표로 고를 수 있다고양"처럼 친근한 언어를 쓰며 고양특례시를 대표하는 유명인사가 되었다. 당시 고양특례시 공보담당실은 고양고양이를 활용해 인스타그램, 페이스북, 티스토리, 트위터 등 온라인 소통활동에 집중하고 있다.

그렇다면 우리는 어떻게 SNS로 기관을 알릴 수 있을까?

티 내는 홍보

우리도 캐릭터를 사용해서 페이스북을 운영해야 할까? 아니다! 홍보담당자가 가장 하지 말아야 할 일이 남의 것을 그대로 따라 하는 것이다. 물론 다른 기관의 성공사례를 조사해서 자신의 업무에 적용하는 '벤치마킹'은 훌륭한 업무처리 방식이지만, 다른 기관이 성공했다고 '똑같이' 따라 했다가는 욕만 먹고 성과는 하나도 못 내는 불상사가 발생할 수도 있다.

SNS를 활용해서 홍보하는 방법에는 크게 2가지가 있다. '인플루언서 활용'과 '자체계정 운영'. 첫 번째 방법은 최근 가장 효과가 높은 방법이다. 팔로워 1만 명 이상인 인플루언서들을 섭외해 일정비용을 주고 우리의 소식들을 알리는 방식이다. 인플루언서는 팔로워들의 절대적인 지지를 받는 경우가 많고 연예인이나 다른 매체들보다 상대적으로 저렴한 비용으로 진행할 수 있기 때문에 많은 기관이 선호하는 방식이다. 하지만! 이 책은 돈 한 푼 안 들이고 홍보하는 방법을 배우기 위한 책이니 당연히 우리는 후자로 간다.

자체계정 운영!!

우리 기관 SNS 계정을 어떻게 운영해야 할까? SNS는 개설하는 것보다 유지하고 관리하는 것이 훨씬 힘들다. 기관에서 SNS를 처음 시작하는 경우라면 사람들이 찾아오게 하는 것이 가장 중요하기 때문에 한 가지 채널에 집중할 필요가 있다. 한 가지 채널이 잘되면 OSMU(One Source Multi-Use) 방식으로 다른 채널에 맞게 같은 콘텐츠를 재가공해서 게시하는 등 활용방법이 훨씬 다양해진다. 때문에 처음 시작하는 SNS의 선택을 신중하게 할 필요가 있다.

그럼 어떤 SNS를 먼저 시작하는 것이 좋을까? SNS에는 인스타그램, 페이스북, 네이버블로그, 네이버포스트, X(구 트위터)까지 그 종류가 굉장히 다양하다. 그리고 모든 채널을 운영하기 위해서는 많은 비용과 시간, 인력이 필요하다. 만약 돈도 없고 인력도 부족한 조직이라면 당연히 하나의 SNS에 집중해야 한다.

시작은 네이버 블로그가 답이다.

SNS는 각각의 특징이 있다. 인스타그램은 한 장의 사진, 이미지로 사람들의 시선을 잡아두고 호기심을 불러일으켜야 한다. 그래서 공공기관이나 지자체에서 제작되는 인스타그램용 콘텐츠는 '카드뉴스' 형태가 많다. 페이스북은 인맥을 중심으로 하는 SNS이고, 시간이 지나면 찾기 힘든 휘발성 SNS이다. 물론 글, 사진, 동영상 등 많은 콘텐츠를 공유할 수 있지만 확산에 한계가 있다. 때문에 페이스북은 다른 매체로 유입을 위한 창구 역할을 하는 형태로 많이 사용된다. X는 표현할 수 있는 글자의 한계가 있기 때문에, 기관에서 사용하기에는 부적절하다.

SNS 채널별 장단점

	인스타그램	페이스북	네이버 블로그
장점	간단하고 빠른 소통	다양한 형식 지원	검색엔진 최적화
단점	사진 중심 콘텐츠	검색에 의한 소비 제한	채널 영향력 필요

카드뉴스 중심의 LX 인스타그램

링크 중심의 LX 페이스북

티 내는 홍보

기관 SNS의 원소스를 제공하는 LX 네이버 블로그

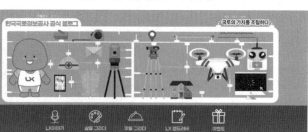

만약 SNS를 처음 시작하거나, 기존에 별 볼 일 없이 운영하던 채널을 제대로 활용해 볼 생각으로 다시 시작하는 홍보담당자라면 시작은 '네이버 블로그'를 추천한다.

네이버 블로그는 정보와 재미를 모두 줄 수 있고, 다양한 정보가 축적되어서 DB역할까지 수행할 수 있다. '네이버 검색'이라는 강력한 기능을 활용해 다양한 방면에 노출될 수 있다. 게다가 네이버 블로그는 플랫폼 내에서 강력한 분석 툴을 제공하여 조회 수뿐 아니라 방문자수, 방문경로, 체류시간까지 세세하게 나의 실적을 확인할 수 있다. 때문에 우

리 기관의 블로그 채널이 얼마나 인기가 없는지(?) 그날그날 내 눈으로 정확하게 확인할 수 있다.

그래서 더욱 블로그 운영은 그리 만만치 않다. 아무리 좋은 글과 사진, 영상으로 글을 써도 처음에는 아무도 보지 않으니까. 내가 좋은 글을 올려도 효과가 없는 이유는 바로 우리 기관의 채널 영향력이 없기 때문이다. 그리고 블로그에서 그 영향력은 '이웃 수'로 확인할 수 있다. 이웃이 많은 블로거는 별 내용이 아닌 포스팅으로도 수천, 수만의 조회 수가 나오지만 이웃이 적은 블로그는 아무리 멋들어진 글과 그림을 올려도 고작 10 단위의 조회 수에 그친다. 그래서 처음 블로그 계정을 개설했거나 다시 관리를 시작했다면 이웃부터 확보할 필요가 있다.

블로그 이웃을 확보하는 가장 빠른 방법은 '서로 이웃 추가(서이추)' 기능을 활용하는 것이다. 서이추는 블로그를 운영하는 사람들끼리 서로 이웃이 되어 주는 기능으로 하루에 100명까지 신청할 수 있고 최대 5,000명까지 가능하다. 따라서 우리 홍보담당자의 첫 번째 임무는 서이추를 활용해 우리 기관의 이웃을 5,000명까지 늘리는 것이다. 이웃 5,000명이면 일일 방문자수가 최소 1,000명에 달하게 되고 내가 올린 게시물의 조회 수도 수직상승할 수 있다.

블로그를 본격적으로 운영하기로 마음먹었다면 서이추를 통한 이웃확보는 필수다. 그럼 누구에게 서이추를 신청해야 할까? 또 어디에서 이웃을 찾아야 할까?

블로그에는 상업적 목적과 사업확정을 위해 개설한 수많은 광고채널이 있다. 그런 채널들에 서이추를 아무리 해봤자 우리 기관 블로그에 아무런 도움이 되지 않는다. 오히려 검색 상위노출에 영향이 있는 '블로그의 품질'에도 악영향을 미칠 수 있다. 서이추를 할 때도 진심으로 블로그 활동을 하는 사람들을 찾아서 신청해야 한다.

가장 좋은 방법은 대형 블로거에 흔적을 남기는 개인블로거들에게 '서이추'를 신청하는 것이다. 부아c, 데미안처럼 블로그계에서 유명한 대형블로거들의 이웃들을 활용하는 방법이 가장 빠른 방법이다. 그들의 글에 좋아요를 남기는 이웃들을 공략한다면, 품질의 저하 없이 빠른 시간에 이웃을 확보할 수 있을 것이다.

SNS담당자 혼자 모든 걸 다 하려고 하지 말아라.

하지만 이웃만 늘어난다고 해서 우리 기관의 블로그계정 영향력이 커지는 것은 아니다. 이때부터가 제대로 블로그를 키우는 시작 단계이다. 블로그는 다양한 분야의 사람들이 다양한 주제로 글을 작성한다. 그리고 네이버 블로그는 한 분야의 전문가들을 우대한다. 여기서 '우대'는 상위노출을 뜻한다. 상위노출은 이용자들이 검색을 통해서 우리 블로그로 들어오는 횟수를 대폭 향상시켜준다. 때문에 우리 기관

티 내는 홍보

의 블로그가 잘 노출되게 만들기 위해서는 한 분야의 주제를 꾸준하게 작성하는 게 중요하다. 하루에 1개 이상의 내용을 꾸준히 올리는 것만으로도 우리 기관의 블로그 영향력이 향상되는 걸 확인할 수 있다.

하지만 공공기관 SNS담당자는 하루종일 블로그만 할 수 없다. 문서기안도 해야 하고, 각종 보고서류 작성, 회의참석 등 SNS에 투자할 수 있는 시간은 일과시간 중 일부분일 것이다. 그래서 서이추로 영향력을 높이면서, 동시에 매일매일 포스팅을 하는 일은 만만한 일이 아니다.

담당자 혼자서 모든 콘텐츠를 생산하다 보면 어느 순간 한계에 부딪힌다. 이럴 때 유용한 방법이 '서포터즈'이다.

지자체, 공공기관, 기업들은 온라인에서 활발한 소통활동을 위해 대학생 또는 일반인으로 구성된 서포터즈를 운영하는 곳이 많다. 이들은 우리 기관에 관심이 많을 뿐 아니라 트렌드에 맞는 콘텐츠를 생산할 능력이 있다. 서포터즈를 선발해 그들에게 미션을 주고 일주일에 1편씩만 콘텐츠를 생산한다면, 1일 1포스팅은 쉽게 지킬 수 있을 것이다. 단, 서포터즈는 일정한 보상금이 필요하다. 평균적으로 한 달 동안 활동했을 때 약 10만 원 정도의 원고료를 지급하는 게 관례이다. 이 금액은 외부용역으로 SNS를 운영하는 비용보다 훨씬 저렴하고, 국민의 눈높이에 맞는 콘텐츠를 제작할 수 있기 때문에 많은 기관이 애용하는 방법이기도 하다.

서포터즈는 담당자의 노고를 덜어주는 좋은 방법이지만, 자칫 잘못하면 양날의 검이 되어 돌아올 수도 있다. 서포터즈는 말그대로 일반인으로 구성된 그룹이다. 그래서 공공기관의 특성, 문화, 규율 등을 제대로 인지하지 못한다. 그리고 이러한 인식의 차이는 공공기관의 콘텐츠 제작 시 가장 신경 써야 할 사실관계 확인, 국민정서 고려를 소홀히 하는 원인이 되기도 한다.

국민은 우리 기관 SNS에 올라오는 콘텐츠의 제작자가 누구인지 상관하지 않는다. 공공기관에서 올라오는 게시물이기 때문에 그냥 신뢰하는 경우가 많다. 이런 상황 속에서 서포터즈가 작성한 콘텐츠가 사실관계가 잘못되거나, 성인지 감수성, 인권감수성 등이 결여되어 있다면 우리 기관에 직접

티 내는 홍보

적인 타격이 될 수 있다.

실제로 고용노동부는 SNS에 '야근송' 콘텐츠를 올렸다가 논란이 된 적이 있었고, 어떤 기관은 입동을 알리는 SNS 콘텐츠에 일본의 전통 난방기구인 '코타츠' 그림을 사용해서 국민의 분노를 산 적이 있었다.

아마도 두 사례 모두 '서포터즈' 또는 '외부용역사'가 작성한 콘텐츠일 것이다. 만약 담당자가 직접했다면 더 큰 문제이다. 그래서 서포터즈를 운영하는 SNS담당자라면 그들이 작성한 콘텐츠를 바로 SNS에 게시하는 게 아니라 1차 담당자 점검, 2차 내부 시사단 운영 등을 통해 예민하고 민감할 수 있는 콘텐츠를 걸러줄 필요가 있다.

우리 기관은 유튜브, 블로그, 인스타그램 등 주요 SNS 콘텐츠 제작 시 국민 눈높이에 맞는 영상, 이미지, 글을 작성하기 위해서 내부심의단을 별도로 운영한다. 이 심의단은 단체 채팅방을 통해서 콘텐츠가 공식 SNS에 게시되기 전 사전에 점검하고 의견을 나눈다. 이렇게 심의단을 운영하면 궁극적으로 우리 기관에서 운영하는 SNS 게시물들의 논란 가능성을 낮출 수 있다.

공공기관 SNS가 절대 하지 말아야 할 일

이웃확보, 서포터즈 등을 활용해 SNS에서 영향력을 확보하는 것도 중요하지만 공공기관 SNS가 절대 하지 말아야 할 것도 있다. 바로 '유행에 매몰되는 것'이다. 홍보담당자의 욕심으로 그 당시 유행하는 '키워드'를 좇거나, 이슈성 콘텐츠를 지속적으로 생산해 단기 유입을 늘려도 그 방문객들이 우리 채널에 지속적으로 들어오는 '찐팬'이 될 확률은 거의 제로에 가깝다. 어쩌다 검색에 얻어걸린 방문객들은 그저 1회성 방문일 뿐이다. 우리는 유행을 좇는 것이 아니라 우리만의 충성 방문객을 만들어야 한다. 그리고 그런 찐팬을 만드는 지름길은 '우리만 할 수 있는 것'을 하는 것이다.

사람들이 공공기관의 채널에 방문하는 이유는 '재미'가 아니라 '정보'를 얻기 위해서다.

티 내는 홍보

몇 해 전 항상 저조하던 지자체 SNS 방문객이 폭발적으로 늘어난 시기가 있었다. 하루가 다르게 지자체의 SNS를 방문하는 사람들이 늘어나는 바람에 지자체에서는 채널이 마비될까 안절부절못할 정도였다. 그 시기는 바로 'COVID-19'가 막 발생하던 시기였다. COVID-19가 준 공포로 사람들은 매일매일 가장 신뢰할 수 있는 채널인 지자체의 SNS를 방문해 확진자 발생 수, 발생지역, 확진자 동선 등을 확인했다.

이처럼 국민은 우리의 채널에 재미보다는 '신뢰할 만한 정보'를 얻기 위해 방문한다. 마케팅과 PR에서 가장 중요한 것이 고객의 니즈를 파악하는 것인데 우리의 고객이라 할 수 있는 국민의 니즈를 우리는 이미 알고 있다. 이제 그 니즈를 채워주면 된다. 즉 재미있고 웃긴 콘텐츠가 아니라 신뢰할 만한, 국민에게 도움이 될 만한 정보를 우리의 채널을 통해서 꾸준히 전달하면 된다.

다만 SNS는 쉽고 친근한 매체다. 우리가 홈페이지나 보도자료 쓰듯이 SNS를 운영하면 많은 사람이 우리 SNS를 방문하지는 않을 것이다. 우리의 정보는 '신뢰' 받을 만큼 정확한 사실을 기반으로 해야 하지만, 전달방식은 보도자료나 홈페이지보다 훨씬 쉬워야 한다. 예를 들어 새로운 정책을 전달할 때 카드뉴스나 인포그래픽, 짤방 등을 쓰는 방법이 있을 것이다.

현재 우리 기관이 운영하는 네이버블로그는 누적방문객수 750만 명이 넘어갔으며, 네이버에서 선정하는 상위 1%의 블로그 계정에 들어갈 만큼 기관의 메인 SNS로 자리 잡았다. 물론 홍보담당자의 영혼을 갈아 넣어야 하지만, 우선 원칙적으로 SNS는 돈 안 들이고 '티' 나는 홍보를 할 수 있는 대표적인 채널인 것은 틀림없다.

나만의 색깔만 입혀놓으면
떡상이 가능한 유튜브

충주시 홍보담당자 김선태 주무관이 유튜브로 '스타'가 된 이후 수많은 지자체, 공공기관이 유튜브를 개설하고 운영하고 있다. 유튜브가 TV를 제치고 홍보채널의 최강자가 된 지도 벌써 몇 해나 됐다. 방송통신위원회가 매년 발간하는 '방송매체이용행태조사'에 따르면 일상생활에서 TV보다 유튜브를 필수적인 매체로 인식하는 비율이 압도적으로 높았다.

10대부터 50대까지는 유튜브가 꾸준한 강세를 보이고 있고, TV를 압도적으로 선호했던 60대까지 유튜브를 필수매체로 인식하는 비율이 지속적으로 증가하는 추세이다. 이제 유튜브를 빼놓고는 홍보를 논할 수 없는 시대가 된 것이다.

연령별 일상생활에서 필수적인 매체

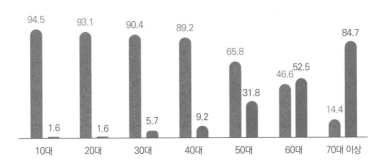

단위 % ●스마트폰 ●TV

출처: 방송통신위원회 방송매체이용행태조사(2022)

유튜브가 최근 가장 트렌디하고 각광받고 있는 매체인 것은 의심할 여지가 없다. 그리고 김선태 주무관과 같이 외부 용역 없이 운영한다면, 예산을 안 들이고도 우리 기관의 소식을 알릴 수 있다. 하지만 안타깝게도 지자체, 공공기관에서 성공한 채널을 찾아보기는 쉽지 않다. 심지어 채널에 게시된 영상의 조회 수가 '0'인 콘텐츠까지 존재한다. 이건 결재한 사람은 물론이고, 만든 사람조차도 안 봤다는 이야기다.

'조회 수 없음' 어느 지자체 유튜브 영상

우리 지역 관광지를 소개합니다!
조회수 없음 · 3주 전

유튜브가 네이버 블로그와 다른 점을 꼽자면 매체 영향력과 관계없이 알고리즘을 타고 일명 '떡상'하는 경우가 종종 있다는 것이다. 즉 콘텐츠에 집중할 수 있는 플랫폼이다. 이는 채널의 경쟁력에서 민간에 밀릴 수밖에 없는 공공기관에게 큰 강점이 될 수 있다. 민간에서는 만들 수 없는 우리만의 콘텐츠가 많기 때문이다.

여기서 주의할 점은 공공기관 유튜브 채널이 조회 수를 올리겠다고 '재미'에만 집중하여 B급, 병맛 콘텐츠에 손을 댔다가는 돌아올 수 없는 강을 건널 수 있다. 실제도 충주시 유튜브 채널을 따라 했다가 많은 지자체와 공공기관이 논란이 됐던 적이 있었다. 그래서 우리는 재미를 쫓아서 이것저것 잡다한 것을 만드는 것이 아니라 우리가 가장 잘하는 것을 콘텐츠로 만들어야 한다. 유튜브 영상을 우리만 할 수 있는 콘텐츠로 만들어야 하는 이유는 또 있다. 그 당시 인기 있고, 유행하는 콘텐츠를 만든다고 해도 우리 유튜브 채널에 국민이 찾아올 확률은 높지 않다. 구독자가 100만 명, 200만 명 되는 유명한 유튜버들이 비슷한 성격의 콘텐츠를 생산한다면 국민의 방문이 그쪽으로 이어지는 것은 당연한 일이다.

2020년, 우리 기관은 그 당시 가장 유행했던 유튜브 콘텐츠 '가짜사나이'를 패러디해 '랜디사나이'라는 콘텐츠를 야심 차게 내놓았다. 공사 마스코트인 '랜디'가 조교로 나와서 직원들을 교육시킨다는 내용이었다. 귀여운 캐릭터가 나와서 반전 매력을 선사하며, 제법 재미있게 만들어졌다는 내부 의견도 있었기 때문에, 기획자들도 높은 조회 수를 기대했다.

가짜사나이(위)와 랜디사나이(아래)

티 내는 홍보

하지만 영상을 게시하고 1개월 동안의 조회 수는 약 7천 회라는 안타까운 수치를 기록했다. 그 당시 우리 공사의 유튜브 채널 구독자 수가 1만 명인 것을 고려해 봤을 때 나쁘지 않은 수치였지만, 다른 채널들의 가짜사나이 패러디 콘텐츠가 약 10만 회 이상의 조회 수를 기록했고, 많은 것은 몇 백만 회를 클릭하는 것에 비해서는 매우 초라한 결과였다.

공공기관 채널이 대형 유튜버와 경쟁한다면 백전백패다. 하지만 공공기관 SNS라는 레드오션에서 살아남는 방법은 따로 있다. 바로 '자신만의 색깔'을 찾는 것이다. 공공기관은 정부가 국가 업무 전체를 수행할 수 없기 때문에 위임하는 기관으로서 그 사명과 역할이 명확하다. 이런 공공기관이 우리나라에는 350개가 있다.

사람에게는 호적이 있듯이 토지에는 토지의 정보를 기록하는 공적장부인 '지적(地籍)'이 있다. LX한국국토정보공사는 지적이라는 분야를 전담하는 공공기관으로 '국가공간정보기본법'에 사업과 역할이 명시되어 있다. 대한민국에서 유일하게 도해지역 지적측량을 수행하고, 2012년부터 추진하는 국책사업인 지적재조사사업을 수행하는 책임기관이다. 또한 민간에서 다양한 공간정보사업을 추진할 수 있도록 지원한다. 이런 사업들은 다른 공공기관이나 기업들과는 차별화된 LX만의 고유 영역이다. 홍보담당자들은 바로 이점에 주목해야 한다.

LX한국국토정보공사의 역할

1. 지적측량

2. 지적재조사

3. 공간정보·지적제도에 관한 외국 기술의 도입, 국제 교류·협력 및 국외 진출사업

4. 공간정보·지적제조에 관한 연구, 기술 개발, 표준화 및 교육사업

'우리만 만들 수 있는 콘텐츠'
'우리 사업에서 국민이 궁금해할 만한 콘텐츠'

인기를 따라가는 콘텐츠만 제작해서는 유튜브 경쟁에서

살아남을 수 없다. 트렌드를 따르더라도 콘텐츠는 우리만의 색깔이 있어야 한다. LX에서 영화리뷰 콘텐츠를 만든다고 그것을 보러 우리 유튜브 채널에 오는 사람이 얼마나 되겠는가. 그런데 LX에서 '땅 살 때 사기당하지 않는 가장 쉬운 방법 5가지'라고 해서 지적측량을 통한 정확한 위치와 형태 확인 방법을 알려주고 측량 신청 절차라든지 수수료 등을 안내한다면 어떨까. 그 자료는 LX만 제작할 수 있는 전문 콘텐츠가 된다. 그리고 사람들이 '지적', '땅'에 대해 궁금하다면 그 분야에서 가장 전문가인 우리 채널을 방문하게 되지 않을까. 이것이 공공기관 유튜브 채널이 살아남는 방법이다.

기관에서 유튜브 채널을 개설하고, 영상촬영과 편집까지 하는 것은 시간과 노력이 많이 필요하다. 고도의 편집 기술을 쓰지 않더라도, 기본적인 편집시간은 영상 촬영시간의 2배 가까이 든다. 유튜브가 현 시대에서 가장 주목받는 매체인 것은 확실하다. 그리고 충주시처럼 자신만의 색깔과 콘셉트만 있다면, 예산을 거의 투입하지 않고도 좋은 효과를 볼 수 있는 홍보매체이기도 하다. 그러나 '남의 것'을 따라 하는

데는 분명 한계가 있다. 치열한 유튜브 시장에서 우리 기관을 '티' 내고 싶다면, 우리만 할 수 있는 소재를 발굴하고 최소한의 비용으로 채널을 운영해야 한다. 만약 유튜브를 아직 시작하기 전이라면 먼저 신중하게 효과성을 검토해 보길 바란다. 네이버 블로그처럼 가볍게 생각하고 접근했다가는 큰 코다칠 수도 있으니 말이다. 그리고 욕심 때문에 이것저것 다 해보다가는 야근의 지옥에서 벗어날 수 없을 것이다.

누구나 뚝딱 만들 수 있는 뉴스레터

인쇄물로 된 소식지를 발행하는 기관들이 있다. LX한국국토정보공사도 'LX공사보'라는 사내신문을 발행했었다. 매달 사내소식들을 모아서 발행하는 소식지였는데, 기본적으로 신문의 형식을 갖기 때문에 많은 노력이 들어간다.

내가 담당해 본 경험자로서 사내보는 정보수집, 글쓰기, 편집, 인쇄까지 홍보담당자를 갈아 넣어 만드는 홍보물이다. 그래서 '돈 한 푼 안 들이는 홍보 Top 9'에는 넣지 않았다. 인쇄는 아무리 우리가 노력한다고 해도 예산 없이는 불가능하기 때문이다. 물론 인쇄를 하지 않고 온라인에서 발행하는 웹진도 있지만, 이 역시 전문가가 필요하기 때문에 논외로 한다.

뉴스레터는 정기적으로 기업, 조직 등의 소식을 이메일로 전송하는 간행물로, 사내보와 비슷한 형태를 하고 있지만 1원

LX공사보

도 들지 않고, 제작할 수 있는 홍보매체이다. 하지만 일반적인 간행물처럼 20~30페이지로 제작하지 않고, 적게는 1장, 많게는 5장 정도의 이미지로 제작된다. 그래서 뉴스레터는 간행물이라기보다는 포스터에 더 가깝다고 생각한다. 또한 '구독'이라는 개념으로 사람들이 원하는 정보를 얻는 방식이기 때문에, 구독하는 사람들이 한눈에 정보를 파악할 수 있게 제작하는 게 중요하다. 만약 자세한 내용을 알고자 하면 링크를 통해서 우리 기관의 SNS나 홈페이지와 연계시켜준다.

뉴스레터로 발송할 홍보물 역시 멋진 디자인과 전문가적인 사진촬영과 편집이 들어가면 외부 전문가의 손을 빌려야겠지만, 그렇지 않고도 홍보담당자의 노력만으로도 충분히 우리 기관을 알리고 국민에게 우리 소식을 공유하는 소식지로 만들 수 있다. 특히 최근에는 망고보드, 미리캔버스와 같이 웹상에서 간단한 조작만으로도 수준 높은 디자인을 할 수 있는 플랫폼이 많아서 홍보담당자가 조금만 노력한다면 충분히 멋진 뉴스레터를 만들 수 있다.

망고보드

미리캔버스

망고보드와 미리캔버스에서 제공하는 무료 디자인 템플릿

을 통해서 만들어진 소식지를 기관메일을 통해 내부직원들

에게 공유하거나 우리 기관과 관계있는 유관기관에 이메일

로 매달 보낸다면 예산 1원도 쓰지 않고 톡톡한 홍보효과를 볼 수 있을 것이다.

다만 인쇄도 안 하고 편집도 망고보드나 미리캔버스를 이용한다고 해도 취재, 정보수집, 글쓰기는 오롯이 홍보담당자가 안고 가야 하는 업무이다. 사내보가 홍보담당자를 갈아넣어 만든다고 했듯이 뉴스레터도 홍보담당자의 노오오오오력이 없으면 매달 발행하는 것은 매우 어려운 일이다.

뉴스레터의 기본적인 역할은 우리 기관의 소식을 '정기적으로 알리는 것'이다. 때문에 뉴스레터 진행에서 가장 중요한 것은 '지속성'이다. 1회성으로 끝나는 카드뉴스가 아니라 매월 정기적으로 기관의 소식을 모아서 알리는 '온라인 신문' 역할을 해야 한다. 그렇기에 뉴스레터를 시행하려는 홍보담당자는 내부의 소식들에 귀를 열고 끊임없이 정보를 수집하는 게 중요하다. 정기적으로 우리 기관을 알리는 소식지를 돈 한 푼 안 들이고 만든다면, 윗분들도 좋아하지 않겠는가? 매월 소식지를 발행하고 '티'를 팍팍 내는 것도 잊지 말기를.

티 내는 홍보

누구보다 빠르게 우리 소식을 알리는
이메일 마케팅

이메일은 전 세계 사람들과 연결하는 가장 빠르고 원활한 방법 중 하나이다. 그래서 기업은 이메일을 통해 자사의 소식을 빠르게 전달하는데, 이를 EDM(Electronic Direct Mail) 마케팅이라 한다. 보통 직접 판매를 요청하는 민간에서 많이 활용하는 방법으로 매우 간편하고 저렴하게 집행할 수 있다. 게다가 EDM은 1달러를 투자했을 때 42달러의 가치를 창출한다고 알려져 있다. 4,200%의 수익률을 올릴 수 있다는 말이다.

하지만 공공기관은 마케팅을 하지 않는다. 우리는 물건을 팔지 않으니까. 그렇다면 왜 EDM이 공공기관에서도 효과적일까? 우선 공공기관이 진행하는 EDM은 우리의 서비스를 이용하는 주민들과 고객들이 대상이기 때문에 시간과 공간에 상관없이 언제 어디서든 우리의 대상에게 접근할 수 있는 훌륭한 매체가 된다. 만약 새로운 정책이나 서비스를 주민들에게 알려야 한다면 앞서 설명한 방법으로 홍보물을 먼저 제작하고 기관에 정보 제공을 동의한 고객들에게 배포하면 된다.

다만 여기서도 주의할 점이 있다. 뉴스레터는 이메일을 통해서 발송되기 때문에 발송률보다는 그 콘텐츠를 열어보는 '오픈율'에 더 신경써야 한다는 것이다. 아무리 이메일을 통해 대량발송했다고 해도, 아무도 읽어보지 않는다면 내가 일한 '티'를 낼 수 없다. '티' 나는 뉴스레터 운영을 위해서는 오픈율을 높일 방안이 필요하다.

뉴스레터, 열리지 않으면 읽히지도 않는다.

모두를 위한 뉴스레터는 아무도 안 보는 뉴스레터가 된다. '더 많은 사람에게 내가 고생해서 만든 뉴스레터를 보여주겠어!'라고 의욕에 넘치는 홍보담당자는 기관에서 보유한, 개인정보 및 이메일 수신동의를 한 사람들의 이메일주소를 활용해 한 번에 수천 개씩 메일을 보내는 우를 범한다. 하지만 그렇게 다 보낸다고 해서 모두 내가 만든 뉴스레터를 보는 건 아니다. 오히려 뉴스레터의 효과를 측정하는 지표인 '오픈율'이 박살 날 수 있다. 그래서 뉴스레터는 더 대상을 집중하는 게 중요하다. 즉 내가 작성한 뉴스레터 내용에 관심을 가질 만한 그룹을 설정해서 보내야 한다.

LX한국국토정보공사는 '지적측량'이라는 토지 관리를 위한 측량을 주로 수행하는 기관이기 때문에 토지소유자들이 꼭 알아야 할 정보들을 보유하고 있다. 그리고 그런 정보를 궁금해 하는 사람들이 대부분 뉴스레터 구독 신청을 한다. 따라서 '지적측량 수수료 감면정책 시행', '건물 준공을 위해 실시하는 지적현황측량' 등 토지소유자들이 궁금할 내용으로 홍보물을 만들고, 그들이 관심 가질 만한 제목으로 발송하자. 그럼 힘들게 작성한 뉴스레터가 열려보지도 못하고 휴지통으로 직행하는 일은 막을 수 있을 것이다.

공공기관에서 EDM을 이용할 때 주의해야 할 사항이 한 가지 더 있다. 이메일리스트가 있다고 해서 '받는 사람'에 몽땅 한 번에 복사 붙여넣기한다면 받은 사람들은 이렇게 생각할 것이다.

"나는 그냥 저 수많은 사람 중 하나군, 이건 스팸메일이네."

   사람들은 누구나 중요한 사람이 되고 싶어 한다. '인간관계론'의 저자 데일 카네기는 인간 행동에서 중요한 하나의 법칙을 '다른 사람으로 하여금 자신이 중요한 사람이라는 느낌을 갖도록 만드는 것'이라고 했다. 중요한 사람이 되려는 욕망이야말로 인간 본성 중에서도 가장 깊은 충동이기 때문이다. 그런 인간에게 '넌 저 수많은 사람 중 하나일 뿐이야'라는 메시지를 준다면 내가 전달하고자 하는 내용이 제대로 먹힐 리 없다. 그렇기에 우리는 '숨은 참조' 기능을 써야 한다. 숨은 참조 기능은 내가 보내는 사람들의 주소를 다른 사람들이 볼 수 없게 하는 기능이다. 대부분의 이메일 시스템에 있는 기본적인 기능이기에 기관 자체 이메일에도 있다. 수신자를 본인으로 해놓고 받은 사람들의 이메일 리스트를 숨은 참조에 넣으면, 받는 사람들은 자신에게만 메일이 온 것으로 느낄 수 있다. 그리고 그런 상태라면 내가 전달하고자

       티 내는 홍보

하는 메시지가 그 사람에게 전달되어 읽힐 확률이 올라간다. EDM을 사용한다면 숨은 참조 기능을 꼭 기억하고 사용하라.

어떤 홍보든 내가 중심이 아니라 상대방이 중심이 된다면 그 효과는 높아진다. 그러니 내가 작성한 뉴스레터가 누구에게 도움이 되는지, 그들이 어떤 이야기를 궁금해하는지 항상 고민하는 홍보담당자가 되자.

한 번은 꼭 보는
전자결재

공공기관의 모든 부서는 모두 다 열심히 일하고 있다. 어느 부서든 사람이 부족하다고 아우성이며, 일을 하려는데 예산이 부족하다고 한다. 자기 일만 하기에도 바쁘다는 말이다. 그러니 다른 부서 다른 사람이 어떤 일을 얼마만큼 잘하는지 전혀 관심이 없다. 더욱이 그 부서에서 알리지 않으면 남의 부서 일을 알 방법이 없다.

아무리 바빠도 공공기관 근무자들이 그래도 꼭 열어보는 문서가 있다. 바로 전자결재를 통한 문서이다. 제목만 읽고 대충 넘기는 경우도 있겠지만, 우선 보기는 한다. 그렇기에 어떤 업무를 하던 전자결재 문서를 통해서 '우리 이런 거 해요! 관심과 사랑 부탁해요!!!'라고 알리는 게 중요하다. 가장 쉽고 기본적인 '내 업무 알리기'가 바로 '문서 발송'이다. 단 내부 커뮤니티에 올리는 게시물은 재미있고 쉽게 읽을 수 있게 작성하지만, 전자결재 문서는 그와는 다르다. 최소한의 문서 양식을 지키면서 핵심을 담아서 문서를 작성해야 한다. 전자결재 알림 문서 역시 돈이 안 드는 홍보수단이니 꼭 활용하길 바란다.

LX한국국토정보공사는 프로야구단 SSG랜더스와 캐릭터를 활용한 홍보분야에서 협업한 적이 있다. 물론 계기가 좋지는 않았다. 2021년 출범한 SSG랜더스가 캐릭터를 발표했는데 공교롭게도 캐릭터명이 우리 공사와 똑같은 '랜디'였다. LX한국국토정보공사 마스코트인 '랜디'는 2012년부터 사용

티 내는 홍보

했다. 물론 SSG랜더스는 강아지이고 우리 공사는 거북이로 사용하는 캐릭터는 다르다. 하지만 당시 '랜디아버지'로 불리며 굿즈와 동화책제작, 캐릭터리뉴얼 등 랜디로 다양한 활동을 하던 나는 SSG랜더스가 캐릭터명을 랜디라고 정했을 때 적극 대응해야 한다고 생각했다. 하지만 법률자문 결과 싸워서 이길 확률이 0%라는 답변을 받았다. 바로 태세를 전환해 캐릭터 콜라보를 제안했고 어렵게 합동홍보가 성사되었다. 돈 한 푼 안 들이고 야구장에서 우리 공사 캐릭터 홍보를 하게 된 기획이었지만 '관람료 할인'과 같은 우리 직원들에게 돌아오는 혜택은 전혀 없었다.

SSG랜디(좌)와 LX랜디(우)

LX & SSG랜더스 콜라보

출처: OSEN(https://www.osen.co.kr/article/G1111680871),
MK스포츠(https://mksports.co.kr/view/2021/1023832)

본사 차원에서 진행하고 마무리되는 이벤트였지만 우선
알리자는 목적으로 '이런 것 하니까 관심 가져주세요'라고
전국에 전자결재 문서를 발송했다. 혹시 5,000여 명의 LX직
원 중 SSG랜더스의 팬이 있다면, 콜라보가 진행되는 동안 경
기장에 찾아서 우리 '랜디'를 응원해 주길 바라서였다. 크게

기대하고 발송한 문서는 아니었지만, 발송한 직후부터 "경기는 언제냐", "우리 랜디는 언제 나오냐", "우리 본부에서 도와줄 것은 없느냐" 등 수많은 문의가 들어와서 한동안 행복한 비명을 질러야 했다.

더욱 좋았던 점은 우리가 추진하는 기획홍보를 내부직원들이 많이 알아주고 긍정적으로 평가해 줬다는 점이다. 나는 SSG랜더스와의 협업 기획에 대해서 내부적으로 긍정적인 평가를 받아서 2021년 상반기 공사 우수 직원으로 선발되는 영광까지 얻었다. 내부 홍보를 잘한 덕분이었다.

쉽고 친절하면
홍보효과 열 배로 돌아오는 보도자료

하버드 비즈니스 스쿨 연구결과에 따르면 기사는 광고에 비해 약 10배의 신뢰성과 홍보효과를 갖는다고 한다. 하지만 기사를 통한 홍보는 그 파급력에 비해 광고처럼 직접 돈이 들어가지 않는다. 돈 안 들이는 홍보수단이지만 '티'가 많이 나고 신뢰도도 높은 수단이기 때문에 공공기관에서 가장 많이 사용하는 홍보방법이기도 하다.

때문에 보도자료 작성을 통한 기사 노출은 공공기관 홍보 담당자의 필수 역량이라고 할 수 있다. 그렇다면 보도자료를 만들어 내기 위해서 가장 먼저 해야 할 것은 무엇일까? 일단 '이 주제가 기사화될 수 있는가?'라는 고민이다. 글솜씨는 나중 문제이다. 게다가 보도자료는 명료하고 간단한 글로 작성되기 때문에 화려한 글솜씨는 필요하지도 않을 뿐더러 누구나 조금만 연습하면 충분히 쓸 수 있다.

그럼 어떤 주제가 기사화되기에 적당할까? 홍보담당자들은 국민의 입장에서, 기사를 써서 많은 조회 수를 기록해야 하는 기자의 입장에서 보도자료 주제를 선정하고 작성해야 한다. 공공기관 입장에서 좋은 홍보 소재가 국민과 기자 입장에서는 그렇지 않을 수 있기 때문이다. 우리가 열심히 일해서 전략회의를 개최하거나 내부행사를 멋지게 대규모로 진행했어도 국민의 생활에 보탬이 되지 않고 흥미를 끌지 않으면 기사의 소재로 부적절하다.

물론 각 부서에서는 자신들의 성과를 알리기 위해서 돈 안 드는 최고의 홍보수단인 언론홍보를 많이 이용하려 할 것이다. 하지만 그것들을 다 받아주다가는 기관의 평판이 바닥으로 떨어질 수 있다. 그러니 기관의 홍보담당자는 기관 언론홍보의 첫 게이트키퍼가 되어 적당한 소재인지 먼저 걸러내는 게 중요하다.

보도자료 주제가 정해졌다면 보도자료 형식에 맞춰서 글을 쓰면 된다. 보도자료는 언론사에 보낼 기관의 얼굴과도 같은 문서이기 때문에 어느 정도 형식과 틀이 정해져 있다. 보도자료의 기본적인 구성은 정보부, 제목, 부제목, 리드문, 본문 순서로 되어 있다. 정보부에서는 기자가 보도자료를 보고 추가취재나 요청자료가 있을 때 연락할 수 있는 담당자 연락처, 기관 정보 등이 들어 있어야 하며, 보도가능 시각(일명 엠바고)을 명시한다.

정보부를 적지 않으면 해당 보도자료에 대한 자의적인 해석과 보도가 나갈 수 있고, 기자의 취향에 맞는 아이템이라

보도자료 형식

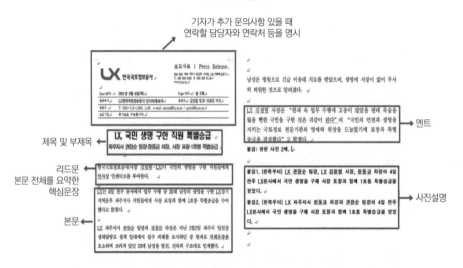

기자가 추가 문의사항 있을 때
연락할 담당자와 연락처 등을 명시

제목 및 부제목

리드문
본문 전체를 요약한
핵심문장

본문

멘트

사진설명

고 해도 후속 취재가 어렵기 때문에 기획보도까지 확대되기
가 어렵다. 결정적으로 해당 보도자료에 대해서 물어볼 곳을
적어놓지 않으면 기자들의 짜증을 유발한다. 따라서 정보부
는 기자에 대한 예의라고 생각하면 된다.

정보부를 작성했으면 이제 '티' 나는 보도자료를 작성하자.
흔히 보도자료는 중학교 2학년이 읽어도 이해할 수 있을 정
도로 쉽게 써야 한다고 한다. 때문에 보도자료 작성 역시도

티 내는 홍보

공공기관이 자연스럽게 쓰고 있는 전문용어나 약어 등의 사용은 자제하는 게 좋다. 우리는 모르지만 대부분의 공공기관들은 자신들만의 특수한 역할과 영역이 있기 때문에 전문용어를 꽤 많이 사용한다. 예를 들어 LX한국국토정보공사의 주 업무인 '지적(地籍)'이란 단어는 우리에게는 익숙하지만 국민에게는 어려운 단어이다. 흔히 쓰는 '지적'을 한글로만 보면, '지적(指摘)질하지 마', '엄청 지적(知的)이시네요'에 많이 쓰기 때문에 보도자료를 작성할 때 많이 애먹곤 했다. 만약 영문 약어를 많이 쓰는 기관이라면 전체 영문과 한글을 병행해서 이해하기 쉽게 해야 한다.

보도자료를 쉽게 쓰는 가장 좋은 방식은 '짧게 쓰는 것'이다. 중문보다는 단문으로 작성하며, 한 문장은 최대한 짧게 끝낸다. 글이 길어지면 독자들은 피로감을 느끼고 글의 힘도 떨어진다. 이와 같은 맥락으로 '그리고', '하지만' 등의 접속사는 최대한 자제한다. 그렇다고 쉽게 쓴다며 동화책처럼 써서도 안 된다. 사실에 기반을 두는 보도자료 작성을 위해 가장 쉬운 방법은 숫자를 활용하는 것이다. 기자들이 좋아하는 보도자료는 관련 근거나 수치가 명확한 자료이다. 같은 보도자료라도 숫자가 들어가면 기사화될 가능성이 높다. 예를 들어 'LX공사 우즈베키스탄 지적정보화사업 수주'라는 제목보다 'LX공사 지적사업 수출 100억 시대 개막'처럼 숫자가 들어간 제목과 기사는 신뢰성을 높일 수 있다.

보도자료를 보도자료처럼 쓰는 방법 중 숫자 다음으로 중요한 것이 바로 육하원칙이다. 공공기관의 모든 보도자료를 처음부터 홍보담당자가 작성할 수는 없다. 사업내용도 모르는 상태에서 보도자료를 작성한다는 것은 컴퓨터를 한 번도 만져보지 못한 할아버지에게 코딩을 시키는 것과 같다. 홍보담당자는 처음부터 작성하는 것이 아니라 각 부서별로 작성한 보도자료 초안을 검토하고 보도자료 형식에 맞게 수정하는 역할을 수행한다.

사실 부서에서 작성한 초안들을 검토하는 일은 처음부터 다시 작성하는 것과 별반 다르지 않다. 그럴 때마다 요청하는 것이 육하원칙에 맞는 사실만 넣어달라는 것이다. ○○행사를 개최했는데 장소와 참석자가 빠졌다든지, ○○대국민이벤트를 개최하는데 응모시기와 방법이 없다든지 하는 사례가 수두룩하다. 홍보담당자는 보도자료에 기본적인 사실 자료를 꼭 체크해야 한다.

보도자료 유형별 꼭 들어가야 하는 내용

1. 계약, 수주 관련: 계약명, 계약상대명, 기간, 특징, 기대효과, 향후계획

2. 이벤트: 이벤트명, 특징, 기간과 내용, 이벤트의 의미, 기대효과

3. 사회공헌: 장소와 시간, 목적, 내용, 참석자, 기대효과

4. 사업성과: 사업내용, 기간, 성과, 기대효과

보도자료 작성이 그래도 어렵다면 더 좋은 방법이 있다. 뉴스와이어(www.newswire.com)의 자료를 활용하는 것이다. 이곳은 분야별 보도자료를 검색하고 활용할 수 있는 사이트로 무료로 이용할 수 있다. 여기서 유사한 보도자료를 다운로드해서 우리 기관에 맞게 변형하여 사용하면 된다. 이미 검증된 보도자료들이기 때문에 보도자료 형식 등을 고민하지 않아도 된다.

제발 맨땅에 헤딩하지 말자. 우리는 생각보다 글을 잘 쓰지 못할 수도 있다. 보도자료 작성이 막막하다면 하얀 화면에 커서가 깜박이는 것만 보고 있지 말고, 다른 자료들을 최대한 활용해라. 우리의 목적은 적게 일하고 많이 일한 '티'를 내는 것이니깐. 보도자료는 최고의 무료홍보 수단임이 분명하니, 거인의 등에 올라타서 지름길로 실적을 내보자.

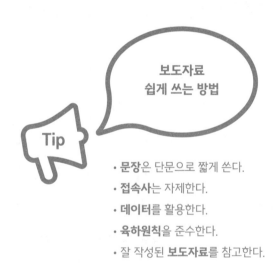

보도자료 쉽게 쓰는 방법

Tip

- **문장**은 단문으로 짧게 쓴다.
- **접속사**는 자제한다.
- **데이터**를 활용한다.
- **육하원칙**을 준수한다.
- 잘 작성된 **보도자료**를 참고한다.

티 내는 홍보

하나의 홍보물을
600개의 홍보매체에 퍼뜨려주는
기관협업

  이순신장군에게 12척의 배가 남아있었다면 우리 홍보담
당자들에게는 350여 개의 공공기관과 255개의 지자체가 있
다. 대부분의 지자체와 공공기관은 각자의 홍보매체를 보유
하고 있다. 홈페이지를 시작해서 옥외광고판, 사무실 내부
게시판, 자체 SNS까지 그 수도 다양하다. 그리고 대부분 대
민서비스를 제공하기 때문에 오프라인 매체라면 일정한 유
동인구를 확보하고, 온라인의 경우도 공신력 있는 정보를 얻
기 위해서 많은 사람이 매일 드나든다. 이게 무슨 도움이 될
까? 그들은 모두 우리의 홍보물을 알릴 수 있는 공짜 매체이
다. 이미 공신력이 보장된 매체를 공짜로 이용할 수 있다니,
이 얼마나 남는 장사인가!

  하지만 기관협업은 전자결재로 문서만 '띡' 보낸다고 진행
되지는 않는다. 우리 기관으로도 수많은 협조공문이 오지만

그것들을 모두 우리 홈페이지나 배너에 올려주지는 않는다. 우리 기관의 일도 아니고, 남의 기관만 성과 내는 일을 홍보 담당자가 바쁜 시간을 쪼개가면서 해줄 리 만무하다. 그래서 기관협업을 할 때도 홍보담당자의 발품이 필요하다. 또한 일 방적으로 요구하는 것이 아니라, 서로 매체를 교환하는 방식 을 사용하는 것이 바람직한 협업의 자세이다.

다른 기관의 홈페이지에 우리 기관의 배너광고를 싣고 싶 다면, 우리도 그들에게 제공하는 것이 있어야 한다. 우리 기 관 홈페이지에 배너를 싣는다던가, 하다못해 기관 엘리베이 터에 상대 기관의 홍보영상을 틀어줘야 한다. 그래야만 상대 기관의 홍보담당자도 성과를 가져갈 수 있기 때문에 우리 기 관의 홍보영상, 홍보이미지 등을 게시할 확률이 올라간다.

그걸 가장 잘하는 곳이 무주에 위치한 태권도원이다. 태권 도원은 「태권도진흥 및 태권도 공원 조성 등에 관한 법률」 에 따라 설립된 문화체육관광부 산하 공공기관이다. 태권도 원에는 매년 수만 명의 인원이 연수, 교육, 체험 등을 위해서 방문하고 그 안에는 각종 모니터들이 비치되어 있어서 다른

티 내는 홍보

기관의 홍보영상을 무료로 송출해 준다. 문서로 모든 공공기관에 무료 송출 안내를 해서 신청을 받는데, 이때 상대 기관에서도 태권도원의 홍보영상을 송출해야 한다는 조건을 붙였다. 돈 한 푼 안 들이고, 본인들의 홍보영상을 전국에 송출하는 것이다.

기관협업은 단순히 한 기관만 덕을 보는 게 아니다. 공공기관에서 서로서로 품앗이하면서 어려운 홍보를 해 나가려는 노력이다. 때문에 홍보담당자가 발품만 판다면 예산 한 푼 안 들이고 우리 기관의 소식들을 다른 지역 사람들에게 알릴 수 있다. 더욱 좋은 점은 우리의 내부고객이라 할 수 있는 공공기관 종사자들이 우리가 알리고자 하는 메시지를 쉽게 접할 수 있다는 것이다. 돈 한 푼 안 들이고!!

건물 매력이
기관 매력으로 변신할 수 있는
장소협찬

  공공기관의 회의장이나 건축물이 어느 정도 규모가 있거나 잘 만들어졌다면, 그곳에서 근무하는 홍보담당자들은 방송이나 유튜브 채널 등에서 장소협찬 제의를 받은 적이 있을 것이다. 우리도 공주에 위치한 LX한국국토정보공사의 부설 기관인 LX국토정보교육원을 촬영 장소로 자주 빌려주곤 했다. LX국토정보교육원은 경기도 용인에서 2020년에 공주로 이전한 시설인데, 건축기법이나 조경, 인테리어 등이 매우 훌륭한 덕분이다.

  드라마, 영화 등의 촬영을 위해서 대관요청이 종종 들어오면, 시설담당자들로서는 매우 귀찮은 일일 수 있다. 하지만 홍보담당자들로서는 돈 한 푼 안 들이고 우리 기관을 알릴 수 있는 절호의 찬스인 만큼 무조건 OK 사인을 보낸다.

  만약 드라마나 영화, 유튜브 콘텐츠 등이 흥행하면 덩달아

티 내는 홍보

그 작품의 촬영지가 이슈되기 때문이다. 일반적으로 TV, 영화에 브랜드를 노출시키기 위해서 돈을 주면서 PPL까지 하는데 '장소협찬'은 그런 PPL 없이도 우리 기관 자체를 알릴 수 있는 아주 좋은 기회이다.

　장소협찬은 모든 공공기관에게 해당하는 내용이 아니라고 생각할 수 있다. 하지만 멋들어진 건축물이 없어도 장소협찬은 충분히 가능하다. 모든 드라마, 영화가 크고 화려한 곳만 필요한 것은 아니기 때문이다. 로케이션 헌팅 담당자는 장면의 분위기에 맞는 장소를 선택해야 하고, 다양한 장면을 담기 위해서는 우리 기관이 꼭 필요할 수도 있다. 그래서 홍보담당자들은 우리 기관에서 대관이 가능한 장소들을 미리 포트폴리오로 만들어둘 필요가 있다. 그리고 방송사, 드라마 제작사 등에 먼저 포트폴리오를 돌린다면 그들이 먼저 우리를 찾아올 것이다. 돈 안 들이고 홍보하는 방법은 모두 홍보담당자를 갈아 넣는 방법들뿐이라는 것을 명심하길 바란다. 홍보담당자로 홍보의 '티'를 내고 싶다면 먼저 다가가고, 좀 더 움직이자.

알아서 척척 홍보해 주는 바이럴 최강자, 맘카페

맘카페를 마지막에 소개하는 이유는 이것이 돈 없는 공공기관, 지자체 홍보담당자에게 가장 효과적인 홍보방법이라 생각하기 때문이다. 특히나 지방공기업, 지자체의 경우 해당 지역의 여론이 매우 중요하다. 행사 하나를 개최하더라도 지역 내에서 소문이 나지 않으면 관람객이 확연하게 줄어들 수 있기 때문이다. 내가 근무하는 전주에서도 수많은 행사가 개최되지만 홍보 부족으로 주민들이 행사 자체를 모르고 지나가는 일이 수두룩하다. 반면 잘된 행사들을 살펴보면 사전에 많은 매체를 통해 개최 사실을 알렸다는 공통점이 있다.

현수막 제작이나 인쇄물 배포, 지역방송사 광고 등 효과적인 방법들은 대부분 '돈'이 들어간다. 그래서 우리 돈 없는 홍보담당자들이 적극적으로 많이 활용하기는 어려운 매체들이다. 하지만 지역 맘카페는 아니다. 홍보담당자의 노력만 있다면 남자라도 특별자격으로 맘카페 입장허가를 받을 수 있다. 맘카페 관리자에게 메일을 보내서 "우리 기관이 지역주민들을 위해서 이런 것들을 하는데 알리고 싶다"라고 이야기하면 남녀 상관없이 맘카페 가입승인을 얻을 수가 있다.

만약 맘카페에 올린 우리 기관의 글이 주민들에게 도움이 되거나 좋은 내용이라면 금방 이슈가 되어 댓글이 달리고 조회 수가 올라간다. 맘카페에서 한 번 입소문을 타면 오프라인에 퍼지는 건 순식간이다. 카카오톡, 인스타그램을 통해서 요청하지 않아도 우리 기관의 메시지를 알아서 퍼트려 준다. 그야말로 바이럴의 최고봉이라 할 수 있다.

우리 기관에서 지역주민들을 위해 지역 내 공원에서 소규모 버스킹 공연을 진행한 적이 있다. COVID-19로 인해 무대에 설 기회가 없었던 지역의 아티스트들을 저렴한 비용에 섭외해서 주 1회 진행한 공연이었다. 워낙 예산 없이 시작한 기획이라, 지역방송사 광고는 고사하고 현수막도 진행할 여력이 없었다. 때문에 1회차 관람객은 불과 30명이 채 되지 않았다.

3달간 진행해야 하는 프로젝트인데 첫 시작이 아주 안 좋았다. 이렇게 가다가는 '폭망'하겠다는 위기감에 '버스킹 살리기'를 진행했다. 망고보드로 제작한 포스터를 A4로 출력해 지역 내 아파트 관리사무소를 전부 돌며 안내를 부탁드렸다. 그리고 전북지역, 전주지역 맘카페 카페지기들에게 장문의 메일을 보내서 '버스킹'을 알리게 해달라고 부탁드렸다. 두 곳 모두 OK 사인을 받고 남자임에도 불구하고 맘카페 글을 게시할 수 있는 권한을 얻었다. 그리고 맘카페에 우리 기관이 실시하는 'LX버스킹' 홍보글을 매주 게시하였다. 그 주에 LX버스킹 무대에 오를 아티스트와 공연내용, 시간 등을 작성한 게시물은 매주 많은 조회 수를 기록했고, 카페에 글 게시가 늦어지는 날이면 '이번 주는 안 하나요?', '버스킹 보고 싶어요'라는 글이 올라올 정도로 인기가 있었다. 그리고 당연하게도 지역 내 입소문이 퍼지기 시작하며 LX버스킹을 보러 오는 주민들의 숫자는 날로 늘어났다.

LX버스킹

1개월이 넘어갈 즘에는 지역주민들을 위한 문화공연을 진행해 주셔서 감사하다며 전주시에서 앰프와 조명까지 무료로 설치해 주었다. 처음에 볼품없이 시작했던 버스킹 무대가 앰프와 조명이 더해지니 점점 공연장다운 모습이 갖춰졌다. 지역 공원 내 작은 나무 데크에서 진행하는 LX버스킹은 많은 날은 300명 가까이 모일 정도로 대성황을 이루며 3개월간 대장정을 무사히 마쳤다.

　맘카페의 바이럴 능력은 홍보담당자들이 생각하는 것 이상으로 강력하다. 다만 그것은 양날의 검이 될 수도 있다. 만약 기관의 불미스러운 일이 맘카페에서 언급된다면 기관의 이미지에 큰 타격을 입을 수도 있기 때문이다. 하지만 홍보담당자 입장에서 맘카페는 예산 한 푼 안 들이고 '티' 나게 홍보할 수 있는 가장 좋은 방법이다.

티 내는 홍보

홍보는

'쩐의 전쟁'이다. 하지만

돈 없이도 홍보할 수 있는 방법은 물론

홍보 잘한다는 '티'까지

팍팍 낼 수 있는 방법도 있음을

명심하자.

공공홍보에서
돈보다 더 중요한 것은
메시지

두 번째 책을 쓰자고 마음먹는 데 3개월이 걸렸다. 몇 해 전 종이책 '홍보인수인계서'를 쓰면서 너무 힘들었던 기억이 있어서일 것이다. 하지만 첫 책을 집필하고 나서도 쭉 홍보업무를 하는 실무자였기에, 첫 번째 책에 담지 못한 내용과 내가 알고 있는, 돈 없이 홍보할 수 있는 팁들을 공공기관 홍보담당자들에게 공유하고자 하는 마음은 가슴 한구석에 자리 잡고 있었다.

처음 홍보업무를 시작할 때만 해도 '홍보는 돈이 있어야 할 수 있어'라고 생각했다. 그 말은 어느 정도 지금도 동의하지만, 홍보업무를 조금 알게 된 지금은 '홍보는 돈이 있으면 잘할 수 있지만, 꼭 돈이 있어야만 할 수 있는 건 아니다'라고 생각이 바뀌었다.

홍보는 단순히 돈으로만 하는 게 아니다. 공공기관에서 돈보다 중요한 건 내가 전달하고자 하는 메시지였고, 돈 안 들이고도 대중에게 우리의 메시지를 알릴 방법들은 많이 있다. 다만 그 과정에서 홍보담당자의 노력과 관심, 열정이 필요할 뿐이다.

지자체, 공공기관에 있는 홍보부서들은 '돈만 쓰는 부서'라는 편견의 시선을 받는다. 그런 편견 속에서 홍보업무를 해야 하는 홍보담당자의 고충은 말하지 않아도 불 보듯 훤하다. 맞다. 우리는 돈 버는 부서가 아니다. 돈을 써서 우리 기관을 알리고, 우리 사업을 알리고, 우리 정책을 알리는 부서이다. 하지만 주위로부터 '돈만 쓰는 부서'라는 시선을 받는 것은 '돈'을 제대로 쓰지 않았기 때문이다. 외부에서 아무리 좋은 평가를 받더라도 내부에서 제대로 평가받지 않으면 그것은 부서의 실적, 나의 성과가 될 수 없다.

이 책에는 '적은 예산으로 홍보하지만, 큰 효과를 볼 수 있는 방법'들을 기록했다. 물론 내가 알고 있는 것이 정답이 아닐 수 있다. 하지만 이 책에 기록된 내용은 모두 내가 겪고 직접 효과를 봤던 방법들만 적은 것이기에 아예 소용없는 짓들은 아니라 생각한다.

그저 지금 이 순간에도 예산이 없어서 하루하루 힘들게 홍보하는 홍보담당자들에게 작은 위로와 격려를 전하며, 이 책이 여러분들의 홍보인생에 조금이나마 보탬이 되길 간절히 기원한다. 맡겨진 일 '티' 나게 해서 누구에게나 인정받는 홍보담당자가 되길 진심으로 바란다.